幸福への道

～親から子へ　子から孫へ～

大龍寺
岩浅　宏志

装画・大森　幹雄

大龍寺の大銀杏と一丁地蔵

境内から宍道湖を望む

秋の大龍寺本堂

雪の大龍寺本堂

地元の小学生のお寺体験で鐘をつく子どもたち（平成23年6月）

花まつり（平成21年４月）

檀家さんに見守られ、筆者の孫の得度式（平成27年12月）

地蔵供養（平成26年12月）

年末のお札供養（平成26年12月）

お盆の檀家参り（平成27年８月）

起雲山大龍寺《きうんざんだいりゅうじ》

島根県出雲市園町にある臨済宗妙心寺派の寺院。本堂の本尊は釈迦如来で、両脇に文殊菩薩と普賢菩薩が祀られている。境内からは近くに宍道湖が望め、豊かな自然に囲まれている。

イラスト・片寄 正規

「幸福への道」発刊に寄せて

学校法人花園学園　学園長　松井　宗益

世の中には、とても素晴らしい著書をお出しの方が、講演をなさると案外がっかりさせられることが往々にしてあります。しかし稀に、文章も上手だが話もうまいという天才肌の達人がいらっしゃる。凡人の私など両方ともさっぱりであるから誠に羨《うらや》ましいかぎりです。

「高く悟りて俗に帰れ」また「深く考えてやさしく語れ」―どなたの言葉か忘れましたが、言いえて妙、誠にそのとおり。しかしこれが大変難しい。兎角《とかく》その逆で、簡単な事をわざわざ難しく、しかもだらだらと話す方。やたら難解な用語を使い、読むのも疲れる文章を書く方。

高く悟るには大変な修行を必要としますが、そこから俗に帰るためには更に大きな努力が必要です。また同じように、深く考えるところまでは到達しても、多くの聴衆に実に分かりやすくやさしい言葉で話すことは、そんなに簡単なことではありません。

この大変難しい境地に到達されたのが、岩浅宏志師であります。

私は隣寺の住職として、師と長年の深いお付き合いのなかで思うのですが、師は文章（漢詩も含めて）もお話も実にうまい。その上に声がとてもお経に良く合う上に音感もすばらしい。こんな方も世にはいらっしゃるのだなと、同世代の僧侶として尊敬し目標にしてまいりました。

その宏志大和尚がこの度、これまでお寺の広報誌や新聞にお書きになったものをまとめて、著書を出版されることになりました。住職のかたわら多年にわたり県立高校の教員として、多くの生徒を教育し、また臨済宗妙心寺派の布教師として全国の末寺へ出向し、数多の檀信徒に法話をなさって来られた人柄と感性が、この著書には満ち溢れているように思います。

今日、世界は目に見えない新型コロナウイルスによって、混迷の度合いを益々深め、先の読めない不安の中で実に多くの人が心を病んでいます。どんな時代、どんな境遇にあっても変わることのない不変の真実。本物の幸せの価値観とはどんな生き方をすることか、どのような心で日々を生きることがより幸せな正しい生き方か、著者はそれを「生かされていることへの気づきと感謝である」と説いておられます。

やり直しの出来ない自分の人生を悔いなく生きるために、この著書が読者の人生の指針本として、多くの方にご愛読いただけたらと心から願うものであります。

令和二年秋

発刊にあたって

「私たちは自分一人の力で生きていけますか？」と問えば、幼稚園の子どもでも「お母さんがご飯を作ってくれなくちゃ生きていけないよ」と答えるでしょう。さらには、「お父さんお母さんが働いてくれているから」「おじいちゃんやおばあちゃん、先生にもお世話してもらってる」というように、気づきは広がっていくかもしれません。しかし、成長とともにそれを忘れ、自分一人で大きくなったかのような態度をとる勇ましい反抗期もやってきます。誰かの力添えがあってこそ今の自分があるなど思いもしません。ましてや、目に見えない大きな力、神や仏という大きな力が働いて私たちが生かされていることに全く気づかない場合も多いのです。

人間、個々の力には限りがあります。気力、体力にも限りがあります。命の長さにも限りがあります。どこからどこまでも限りのある人間が、自分の力だけで望みを達成しようとする時、やってくるものは絶望しかないような気がします。一人ひとりの人間が、「自分の中には仏さまと同じように、ものを見る力が与えられている。自分の中に仏さまがおられる。自分はこの大きな力によって生かされている」と信じることができるならば、困難に出合っても絶望することはないはずです。絶望するのは、自分の力だけを頼みにして、仏の力というものの存在を一切見ようとしないからだと言えます。

私たちは、この大きな力の存在を私たちの子どもに、あるいは孫たちに教えているでしょうか。私は、これらのことについて、各方面の方々の考えや体験談を紹介してともに考え、ともに実行することを目的として、また本当の意味での宗教活動の一手段として、檀家さん向けに「志乃々め《しののめ》」という大龍寺報を、住職として務めた約三十年間発行してきました。住職交代してからは、山陰中央新報の「混迷・生きる～教えの庭から」に執筆させて頂くというご縁に恵まれ、「志乃々め」発行と同じ気持ち、目的を持って綴ってきました。

この度、「志乃々め」と「教えの庭から」の中から選んだものを、一冊の本としてまとめることになりました。「志乃々め」は、二十年前、三十年前といった、かなり以前のものも含まれております。執筆年月日をつけてはおりますが、時代背景もずいぶん変わってしまった今となっては、状況が合わない点もあるかもしれません。けれども、こころの持ち方、生き方というものの根幹は変わらないと思っています。拙い文章ではありますが、お読みいただければ幸いです。

発刊にあたりまして、序文を寄せて頂いた臨済宗妙心寺派の宗門校・花園学園学園長・松井宗益師、表紙絵を描いて頂いた日本画家の大森幹雄さん、様々な助言を頂いた山陰中央新報社の加地操さんに厚く御礼申し上げます。

令和二年十月

岩浅　宏志

〈もくじ〉

第二章　教えの庭から

第一章　大龍寺寺報「志乃々め《しのの》」より

※本章は、本書著者が大龍寺住職であった約30年間、檀家さん向けに年数回発行、配布してきた寺報「志乃々め」の巻頭ページのうち、昭和62年から平成24年までの33編を抜粋してまとめたものです。本文各題名下のカッコ内の日付は、「志乃々め」の発行日です。

仏事のこころ

（昭和62年10月1日）

「仏事《ぶつじ》は何のために?」という質問をよく受ける。若い方々だけでなく、かなり年配の方々からも聞かれることがある。月並みな内容ではあるが、紙面の許す範囲内で今一度復習してみたい。

【中陰忌（四十九日忌）】

死後七日七日を大切にお弔いするのは、それなりに深い意味のあることではあるが、ごく簡単に言えば七日目ごとに違う仏さまがお出ましになって死者を導いて下さるということである。落ち着くべき所に落ち着くのが七七四十九日と考えられている。この四十九日の間を中有《ちゅうう》、または中陰《ちゅういん》という。（私たちがこの世に生をいただいた時が始有《しう》、生きている間が本有《ほんぬ》。有《う》とは生存、存在と言う意味）。本有が終わって次の始有に至る間が中有、すなわち死んでから生まれ変わるまでの間が中有（中陰）である。宙に迷うとは中有に迷うこと。死者は中有に迷っているので大切にご供養をするわけである。

さて、四十九を数えて満中陰という。亡き人も中有を脱して次の生を受ける。残された者も、悲しみに明け暮れた心を整理して心機一転、真に亡き人のためになり、亡き人が喜ぶような生き方をしようと決意することが中陰忌（四十九日忌）でもある。

とはいうものの中陰忌は悲しく寂しいもの。死後しばらくは亡き人もそのあたりに居るような気がするが、四十九日ともなると、いよいよ永久のお別れが来たような感じがしてひとしお寂しいもの。四十九日忌を過ぎると、人の出入りも急に少なくなり、寂しさにむせび泣くことすらあるものである。しかし、それは愚痴である。決して亡き人が喜ぶことではない。それどころか、せっかくお浄土へ着いて生まれ変わられた亡き人を再び中有（中陰）に引き戻して宙に迷わせるようなものである。

就職や進学で都会へ出た子どもに、母親が「お前のことが心配で夜も眠れない」と手紙に書いたら、子どもは安心して仕事や勉強ができるだろうか。心ではどんなに案じていても、「みんな元気だよ」と明るい便りを書いてこそ子どもも安心する。亡き人にも同じような心づかいが必要である。

「涙」という字は「さんずい」に「戻す」と書く。ともすれば、涙に押し流されようとする心を引き戻すのが真の涙である。また「泣く」という字は「さんずい」に「立つ」

と書く。涙の中から立ち上がるのが本当に泣くということである。亡き人のために、愚痴の涙でなく、このような涙を流し、このように泣いてあげることが本当の供養だと言える。

【年忌法要】感謝と愛情

父母や祖父母など、育ててもらい可愛がってもらった恩のある人に対しては、「ご生前にはお世話になりました。何の恩返しもできずお別れしてしまって申し訳ないことです。それでも私どもみんな、ご生前のお諭しを守って元気で生活しております。どうか今日の、このささやかな供養をお受け下さい」という感謝の気持ち。

また、かわいい子どもや早世の弟妹などに対しては「お前が死んでもう○○年、生きていればもう立派な大人になっているだろうが、これも老少不定《ろうしょうふじょう》で仕方のないこと。この世の幸は薄かったが、せめてこの手向けを受けて、どうか良い仏になってくれ」という愛情の気持ち。

五代、十代前のご先祖さまに対しては、「あなたのお子たちはもちろん、孫、ひ孫もお浄土におわしますが、私たちはおかげであなたとのご縁をいただいて今こうして生きさせていただいております。こういうおかげさまの気持ち（安心《あんじん》）をいただき、貧乏はしていても心は幸せでございます。今日はささやかな供養ですが、どうかこの気持ちをお受け取り下さい」と報恩感謝の気持ち。

このように、生きている者に対面しているような気持ちで、感謝と愛情のまごころを手向ける。これが人間の道でもある。和尚さんのお経の間だけ神妙にしていて、あとはただ大酒を飲んで大食いをするだけでは仏事とは言えぬ。みんなで故人の面影を偲び、思い出を語り合って、心から冥福を祈り、ほのぼのと心あたたまるような仏事であってほしい。

【悟りを求めて】

次に、この仏事をご縁として、生きている私たちも立派な生活をして、清らかな信仰の道、悟りの世界に目覚めさせていただくわけである。平生は忙しさにかまけて忘れているが、人間は生まれた以上必ず死ぬ。今日この仏事をする人がやがて祀られる身になるのである。

追善供養でご詠歌を唱える檀徒さんたち（平成27年12月）

静《しず》かに無常《むじょう》の有様《ありさま》を
思《おも》えば此世《このよ》は仮《かり》の宿《やど》
生者必滅会者定離《しょうじゃひつめつえしゃじょうり》
老少不定《ろうしょうふじょう》は世《よ》の習《なら》い

（花園流御詠歌「無常御和讃」より）

このはかない人生に、どのように生きがいを求めるか。どうすれば満足して、心おきなく安らかにこの世を去ることができるか。

これらのことを、仏事をご縁としてじっくり考えさせていただくわけである。一つには感謝と愛情の表現として、二つには仏道を求める契機を作るべく、仏事は営まれる。

【追善供養】

追善供養の供養とはお供えすること。追善とは追福修善の略で、追福は亡き人に福を追加する、修善とはそのために残った者が善事を実践する。善根《ぜんこん》を積むことである。お金や物を施すのも修善、そして何よりの修善は、残った者が亡き人とともに、自分もまた悟りを開き、ご安心《あんじん》をいただこうと信仰に励むことである。

生《う》まれて死《し》ぬるつかの間《ま》を
などなおざりに過《す》ごすべき
あすはわが身《み》と知《し》る時《とき》の
心《こころ》もとなをいかにせん
生死《しょうじ》すなわち涅槃《ねはん》ぞと
示《しめ》し給《たも》うぞありがたき
生死《しょうじ》を超《こ》えん誓《ちか》いこそ
こよなき今日《きょう》のたむけなれ

（花園流御詠歌「追善御和讃」より）

お盆の行事とそのこころ

（昭和63年8月5日）

お釈迦さまのお弟子の中でも、特にすぐれたお弟子さんが十人おられる。その中に、長期間にわたる修行の甲斐あって、天眼通（千里眼）の神通力を得られた目連《もくれん》と言う名のお弟子さんがおられる。静かに瞑想にふけると、過去現在未来すべてのことが見えてくる力の持ち主である。

ある時、『父母恩重経《ぶもおんじゅうきょう》』というお経に説かれている母の恩に報いんとして、目連さんは今は亡き母を神通力で見てみようとした。人間界にいらっしゃらないことは分かっているので、多分天上界で安楽にお過ごしであろうと見渡してみるがいらっしゃらない。驚いて修羅《しゅら》の世界を探してみるが見当たらない。畜生《ちくしょう》界にも地獄《じごく》界にもいらっしゃらない。まさかとは思いつつ六道（六つの世界）の残る一つ、餓鬼《がき》の世界を見渡してみると、何とそこにいらっしゃったのである。しかも枯渇の苦しみにやせ衰えて。目連さんは大変かわいそうに思われ、さらに神通力をもって山盛りのご飯を持って行かれたが、そのご飯に火がついてしまい、どうしてもお母さんは食べることができない。火を消すために水を持って行っても、前世の劫《ごう》（業）のため水にも火がついてしまう。万策つきて目連さんは師匠のお釈迦さまに相談した。

お釈迦さまがおっしゃるには、「お前のお母さんは生前、お前を育てるために苦労して大変に欲なことをされた。その欲の報いで、餓鬼の世界に落ちておられるのだ。だから、お前一人の力では、どんな神通力をもってしてもお母さんを救うことはできないのだ。多くのお坊さんの力を借りねばならぬ。幸い明日は七月十五日（自恣《じし》の日）。雨期の修行が終わるので、この日を利用してなるべく多くのお坊さんに供養（お供え）をしなさい。つまり腹いっぱいごちそうを食べてもらいなさい。その功徳がめぐってきてお前のお母さんは救われるであろう」と。

目連さんがその通りにすると、その功徳によってお母さんを餓鬼道から救うことができたのである。

この話は、日本では古来の祖先崇拝と結びついて、日本独特のお盆の行事として現在に至っている。

現在でも、お盆の月の十三日には迎え火を焚いて、今は亡きご先祖さまを感謝の念をこめて我が家にお迎えする。仏壇には新鮮な果物やお菓子、団子などをお供えし、家族一同が香り高い線香をたてて手を合わせる。有縁の親族の方々もそれぞれにやって来て手を合わせ、思い出話に花を咲かせ、ご先祖さまに感謝する。

「今年もおかげさまでお盆に手を合わせることができました。おかげでお金はなくとも、仕事に追われながらも、今こうして手を合わさせていただいております。本当におかげさまです。ご先祖さま、どうぞご安心下さい」と祈る気持ち。こういう気持ちになって祈ることが、実は、結果的に自分自身の心が救われていることにお気づきいただけようか。

自分一人の力で大きくなり、自分一人の力で金もうけをして、自分一人の力で家も新築した。自分一人の力で……。こういう心の状態では常に虚勢をはらわねばならず、決して安楽というわけにはいかないものだ。

ご先祖さまが最もお喜びになるのは一体どういうことなのか、心を落ちつけて考えてみたいものである。

お水のいのち

（昭和63年12月1日）

今年は幸運にも断食修行をさせていただく機会に恵まれた。二十日間家を留守にして、はるか奈良の信貴山に籠るなどということは、家族の理解はもちろんのこと、周囲の皆さんのご協力なしでは到底できることではなく、おかげさまの一語につきる。

正味二週間、朝五時に滝に打たれて身を清め、読経と坐禅、それに写経だけの生活。口の中に入れるものは水だけである。

本断食四日目の夕方から四十八時間の水断ちの行に入った。お金を出しても買うことのできない貴重な時間。

広島や長崎で被爆した人々は水を求めて渾身の力を出して川の方へ向かったという。途中で力尽き、うずくまっている時に差し出されたわずかの水が末後の水となった人もいたと聞く。さぞかし辛かったであろうと思うと胸が痛む。

詩人の高木護《たかぎまもる》さんは、八月十五日が近づくと頭を丸め、この日は一日中何も食べず水も飲まず、戦地で別れた戦友たちと話し合うために黙想をするという。

「お前はもっと生きたかったろう。やりたいことがたくさんあったろう。それなのに俺は今、こうしてのうのうと生きて、ぜいたくになれている。申し訳ない」

さて、断食中の水断ちは予想以上にきつかった。四十八時間の行を終えて弁財天の滝に打たれながらいただいたお水は、お薬のように有り難く五臓六腑だけでなく、体中の血管にしみわたる。お水のいのちというものを全身で感じた。

断食を終えて最初に口にしたのがコップ一杯の重湯。このうまいこと。そしてたった一杯の重湯でこんなにも力がわいてくるのかと思った時、私たちはお米のいのちをいただいて生かされているのだと思い知らされた。目に見えるものの力には脱帽しても、目に見えない力を見ようとしていなかった自分をつくづく反省させられた。本当におかげさまである。

断食による副産物的な効果も数多い。便秘や下痢がなくなった。歯茎が丈夫になり歯槽《しそう》膿漏《のうろう》がなおった。遺伝性で、冥途の土産と思っていた高血圧が嘘のようになおり、今では上が百二十台、下が七十台。上下の差がいつでも五十と理想的。いらいらすることがなくなり、物事を何でも受け止める（受け入れる）ことができるようになった。

飽食によって生まれた成人病を医学の力だけで克服できるであろうか。人類は飽食の歴史をまだそれほど長くは持っていない。口にするものすべてのいのちを感じながらいただくことが大事ではなかろうか。

幸福への道

（平成元年5月15日）

進学中心の松江南高校で勤務して十三年。昨年の春、久しぶりの転勤では出雲農林高校に赴任した。そこの生徒は人なつっこく純朴で、やりがいのある学校だと満足していた。ところが、それからわずか一年、この春突如、教育センターへの転勤命令を受けた。

皆さんは「ご栄転おめでとう」と声をかけて下さるが、私にとっては生徒のいない職場など考えられない。「いつ、どこで、どんなことが起こるか分からない」ということを忘れていたのは、真の信心の世界に生きようとしている者としては本当に失格である。明日、再び転勤を命じられるかもしれぬ。明日ひょっとしたら不慮の死が訪れるかもしれぬ。いつどんな災難不幸が舞い込んでくるやもしれぬ。だからこそせめてその時、その季（とき）を大切に、出会いを大切に、また出合った山川草木や路傍の石との語らいを大切に、後悔のないよう精一杯生きてみたいものである。

柴山全慶老師（大本山南禅寺元管長）に次のような詩がある。

花は黙って咲き
黙って散ってゆく
そうして再び枝に帰らない
けれども　その一時一所に
この世のすべてを托している
一輪の花の声であり
一枝の花の真である
永遠に滅びぬ生命のよろこびが
悔いなくそこに輝いている

先住が遷化した直後、教員をやめようと思ったことがある。周囲の大反対を押し切って辞職願をまさに出そうと決心しかけた頃、盛永宗興老師（花園大学学長）との出会いがあった。「大きな寺で何もせず胡坐《あぐら》をかいている葬式法事坊主より、兼職ではあっても禅坊主になりきってその世界に飛び込んでいる人の方が立派だ」と。以来、私は生徒の前で教壇に立つということは、布教の一環だと考えるようになった。そのためには自分をもっと磨かねばと、本山における一カ月間の高等布教講習に出かけたり、断食断水修行をしたり、自分を磨くためには時間を惜しまなかった。盛永宗興老師との出会い以来、どんなに問題行動を起こした生徒でも、み仏の子と思い信ずることができ、担任したり授業をすることがうれしく、ありがたく……。

盛永宗興老師

坊主という立場のせいか、私には老若男女を問わず出会いが多い。夫に死に別れ三人の子どもを育ててやっとここまでたどりつき「もういつ死んでも不足はない」と安心《あんじん》の境地にいる人。二十年近くも未亡人でいながら今なお生活意欲が旺盛で、人生はこれからと言わんばかりの頼もしい人。夫や姑に対する不足の言葉の目立つ人。まさに様々。そのたびに私は思う。「幸せのうちにあっても不足に思っていると、この世の中に幸せというものは一つもない。逆に不幸のうちにあってもその中から幸せを見出すものは、本当の幸福者だ」と。一般論ではあるが、生老病死の苦しみで苦労をした人との出会いの中には、奥ゆかしい重みを感ずる。真のご安心《あんじん》をいただいている人もこういう苦労人に多い。
詩人の杉山平一さんとの出会いは「生」と題した詩を通してである。

ものをとりに部屋へ入って
何をとりにきたか忘れて
もどることがある
もどる途中でハタと
思い出すことがあるが
そのときはすばらしい
身体がさきにこの世へ出てきてしまったのである
その用事は何であったか
いつの日か思いあたるときのある人は
幸福である
思い出せぬまま
僕はすごすごあの世へもどる

親思う心にまさる親心

（平成元年12月1日）


雑誌『ＰＨＰ』で次のような記事に出合った。児童文学作家の花岡大学さんの話である。

ある大学生が一流会社の入社試験を受けた。筆記試験後の社長の面接。

「君は今まで親の身体を洗ったことがあるかね」

「いいえ、一度もありません」

「それでは君、親の身体を洗ってもう一度出直してきてくれ」

その大学生の父は戦死し、母親が行商してこの息子を育てている。母は外に出て足を汚しているに違いないから、足を洗ってやろうと決め、たらいに水を汲んで母の帰りを待った。そこへ母親が帰って来たので「足を洗ってやろう」と言うと、元気な母親は「足ぐらい自分で洗う」と言う。そこで、洗っていかねばならぬわけを話すと、「それなら洗ってもらおうか」と納得して息子の言うままに縁先に腰を下ろした。

息子は右手でその足を洗おうと思って、左手で母親の足を握った。だが、握ると同時に息子は右手でよう洗わないで、両手で母親の足にすがりつくと声を上げて泣いた。握ってみて母親の足がこんなに固い足になっていたのかということを初めて知ったからである。お母さんはこんな固い足になるほど働いて自分を育て、学校を出してくれたかと思うと涙が出て止まらなかった。

翌日、会社へ行った大学生は社長に、「私はもうこの会社に入れてもらわなくても結構です。この会社を受験したおかげで、学校でも教えてくれなかった親の『恩』ということを知ることができました。これからはたった一人の親を大事にして生きようと決心させてもらったことを喜んでいます」とうれしそうに言ったということである。

この話に出合ったのは、去る二月、私の義母が息を引き取った直後のことであった。「家のことは炊事等一切自分がやるから、お母さんを看病するように」と実の娘である妻に、亡くなる前の半年間は言い続けていた。家を気にして遠慮がちな妻に、「わしが家の炊事をしてお前が看病するということは、わしがお母さんの看病をして差し上げるということだから、ぜひそばに居てあげよ」と言ったものである。

若くして夫に先立たれ、義母一人の力で三人の子を大学まで出し、そのおかげで私は妻と出会い、三人の子宝にも恵まれた。義母の苦労を思う時、この程度のことは当然至極のことであった。しかし、いざ逝かれてみると、何一つ義母に恩返しのできなかったことが悔やまれてならない。

十年前、父が亡くなり、親の有り難さをいやというほど思い知らされていたというのに、「親思う心にまさる親心」というのは、親の目がなくならないと分からぬほど偉大なものであると痛感した。

物でも心でも、なくなった状態を体験することで、初めて有り難さが分かるものらしい。

裕弥ちゃんが残してくれたもの

（平成2年9月2日）

日本で初の生体肝移植手術を受けた杉本裕弥ちゃんが昨日亡くなった。札幌医大で日本初の心臓移植が行われた時と違って、裕弥ちゃんと島根医大の先生方は、私たちに多くのものを残してくれた。

その一つに、病気治療の真のあり方を私たちに深く考えさせてくれたことがあげられよう。つまり、古くからある「医療に関してはすべて医者任せ」という医師主役の医療ではなく、患者主役の医療を施そうとされたことである。手術や投薬、検査等の前に、患者側にその目的と副作用などについて分かりやすく説明し、患者側の自由意志でその治療を承諾または拒否する。この患者の選択によって医師は治療を実行に移すという考え方である。

手術中に胆管の一部を誤って縫ってしまったことや、それまで見たこともない種類のウィルス感染のため、その診断が遅くなってしまったことなどを率直に公表し、「二度と同じことを繰り返しては裕弥ちゃんにすまない」と話す医師の姿に頭の下がる思いがした。裕弥ちゃんはもちろんのこと、ご両親も医師も皆、辛い毎日だったと思われる。

生命を救おうという決断の裏には死の覚悟も当然要求される。生については誰もが受け入れているように思われるが実はそうではない。死を受け入れて初めて、本当の意味で生を受け入れることができるからである。こんなだいそれたことを言っている当の私が明日には死んでいるかもしれない。交通事故、心臓発作など、どんな災難に出合うか分からない。縁起でもないと叱られそうであるが、死を避けて通ることは絶対にできない。この死を謙虚に受け入れる時、初めて患者と医師が一体となった真の医療が成立するような気がする。

こういう議論は、医者も宗教家もタブー視してはならない。そして誰もがもっともっと考えるべきである。そうでないと医療は医者任せの時代を克服できず、癌《がん》告知の問題も解決できない気がする。誰もが避けて通れない病気や老い、そして死を安らかに迎えるべく一人ひとりがしっかりと考えてみたい。

一カ月前、突然舞い込んだ東京からの便り。「主人の病気（癌）も末期でこの夏が越せないと思います……」と。このご夫婦には、大学時代の後半に下宿させていただき、家族同様に可愛がっていただいた。なかなか機会が作れなかったのを、この度、山陰旅行を楽しんでもらおうと計画していただけに、病気と聞いてびっくり仰天。つかぬ都合をやりくりして夜行で上京。

「二十二年ぶりの再会がこんな形になろうとは」と、少なからずウェットな気持ちで病室に入ってまたびっくり。すごく素敵な音楽。自分ならこのままこの音の流れに乗って旅立って逝きたいような雰囲気。さらに、自ら描いたという仏像の絵。

「やあ、今は肝臓癌が一番の友だちになっちゃってね。でもおかげで強い痛みはなくてね。この絵はお世話になったこの病院に残しておこうと思う……」

笑顔で話すこの人が、死を目前にした肝臓癌の患者とはとても思えなかった。足腰や肩をもんであげながら正味九時間の再会があっという間に過ぎてしまった。奥さんや子ども二人、孫四人に見守られた病室に、愚痴の一言も、後悔の一語も聞かれず、満ち溢れていたのは感謝の気持ちだけであった。

心の持ち方　般若心経における智慧《ちえ》（般若《はんにゃ》）

（平成2年12月1日）

死んだ人々は
還ってこない以上
生き残った人々は
何がわかればいい？

これは、フランスの詩人ジャン・タルジューの詩の一節である。私がこの詩に出合ったのは、私の人生に決定的な影響を与えた祖父の死が、涙とともに私の心をしばらく空《むな》しいものにしていた学生時代である。この詩が眼に飛び込んできた時、心の中で静かに、しかし真っ赤に燃え上がるものを感じた。「祖父の死によって、祖父が生きていたら決して分からなかったであろう真実に気づかせていただいた」と。

父が亡くなった時も涙で声がつまり、お経がどうしても読めなかった。しかし、本当の読経ができたり、真の親の有り難さが分かるという尊い縁を結んでくれたのは父の死である。こう感じた時、悲しく空しいその中に、本当の真実が蘇ってきたのである。「父は死ぬことによって、至らぬ私に多くのことを教えてくれたんだ」と思うと、あまりにもったいなく、また有り難く……。「一歩下がってものを観《み》ると、本当に多くのことが眼の中に入ってくるし、逆に前に出てものを観ると、一つのことしか目に入らず周囲は暗闇である」と。このように、悲しい出来事でも、有り難いものとして尊いものとして受け取ることができる心の働きを、仏教では「智慧（般若）」と言う。

幼かった弟の野辺送り、祖父母との別れ、父の死を通して、大体のことは観させていただいたと思っていたが、これが人間の浅はかさ。一人暮らしだった義母の死は、もっと違った視点から私に尊いものを発見させてくれた。

これでおおよそすべてのことを教えていただいたと達観していた罰が当たったのであろうか。まさか中学一年の甥を荼毘《だび》に付さねばならなくなるとは。こんな前途洋々たる若い命から、かくも計り知れないものを教えてもらうようになるとは……。

父の時の寝ずの看病とは全く違う百日間の看取りであった。「克ちゃん、ごめんね。また手術だなんて」「克ちゃん、すまん。楽にしてやれなくて」「克ちゃん、なんでもいいからわがままを言えよ。遠慮するな、甘えてみろよ」

つきっきりの看病を続ける妹（克ちゃんの母親）を休ませるために、代わって看取りにつく夜は、甥の心に向き合って無言の語らいをするため、夕食はとらなかった。

甥は亡くなった。姿や形のあるものは必ず老いて死に、あるいは壊れて姿を変えていく。その移り変わりを通じて、本当の自己の本質に気づかせていただく。甥と当たり前に顔を合わせていた頃が、実はおろそかに思ってはならない時であったと。すると、誰に出会っても、「いつ死ぬのかも分からぬ空しい存在なのに、生きてこんな出会いができる。すばらしいですね」と喜び合え、一期一会《いちごいちえ》の縁を味わうことができる。

ありし日の克文君（右）（平成２年５月）

分かったふりをせず、謙虚に耳を傾け、素直に物事を受け入れていくと、この智慧（般若）の働きが一層味わい深いものとなってくる。そこに、般若心経の深さと尊さを感じずにはおれない。

布施のこころ

（平成3年5月10日）

二人兄弟の年上の幼稚園児が、隣の家でケーキを一個もらってきたとしよう。大人であれば誰もが、「弟と二人で分けて食べなさい」と指導するであろう。兄弟が仲良く分け合って食べている時、「なぜ分け合って食べる方がいいと思うの？」と長男に問えばどう答えるであろうか。

「弟がかわいそうだから」とか、「この次に弟がもらってきた時に分けてもらえるから」とか……。

幼稚園児であれば、これが精一杯の答えだろうから「よし！」とせねばならぬであろうが、小さい子どもであるが故にもう一歩踏み込んでおきたいとも思う。

「弟がかわいそうだから分けるんじゃない。弟がこの次もらった時に分けてもらうためでもない。たとえ自分の分け前が半分になっても、分けて食べた方がおいしいんだよ。お父さんは、お母さんは、そういうふうに思える子になってほしいんだよ」と。

この考えが幼稚園児に分かるはずはない。しかし、ことあるたびにこう教えておけば、大人になって子育ての時期が来た時きっと「そうか!両親が言っていたことはこういう意味だったのか!」と気づくであろう。

お釈迦さまは、人間の心が救われていくための修行の方法を六つお示しになっているが、これはその中の一つ「布施」の行である。満員電車の中で、お年寄りに席を譲るのはどうしてであろうか。「気の毒だから」とか、「自分も年を取ったら譲ってもらいたいから」というのは、ギブ・アンド・テイクの考え方であって、決して仏教でいう「布施」ではない。お年寄りの方に座ってもらう方が自分の気持ちがいいから席を譲るのである。また、「その方が気持ちがいい」という感じ方ができるように、私たちも修行に励みたいものだ。

「布施」とは、「自分の最も大切なものを他人に施す」ということである。その時、「施してあげた」とか、「かわいそうだから恵んであげた」という気持ちや、また、お返しを期待するような気持ちが少しでもあれば、布施の行をしたとは言えない。「布施を受け取っていただきありがとうございます」という感謝の念が大切である。

その昔、中国・梁の武帝は、多くの寺を建て、経典を集大成したり、多くの僧侶に経済的援助を行ったりして、仏教の興隆に尽力した。ある時、達磨《だるま》さんに「自分にはどんな功徳があるでしょうか。」と問われた。武帝は、遠くインドからやって来た達磨さんにその功徳を認めてほしかったのであろう。しかし、達磨さんは「無功徳《むくどく》（功徳なんかないわい）」と言い切ったのである。

武帝が仏教を興《おこ》すために行った努力そのものは良いことで尊いことであるが、その努力に対して功徳を求めたり、お褒めの言葉を求めたりする武帝の心を「布施の心にあらず」と戒《いまし》められたのであろう。

大龍寺に掲げてある達磨さんを描いた掛け軸

なぜ我慢するの？

（平成3年12月20日）

何年か前のことである。私の寺の本堂に二人連れのご婦人が参って来られた。そのうちの一人が「まあまあ、お寺の本堂の前だというのに、この靴の脱ぎ方は一体……、和尚さんも外では偉そうなことを言っておきながら、靴の脱ぎ方すら教えられないようでは……」と大声で吐き捨てるように言いながら、本堂の中に入って来るや、「ナンマイダー、ナンマイダー」と手を合わせておられた。見ようとして見たわけではないが、もう一人のご婦人は、黙って二足の靴を揃えてから本堂に入り「ナンマイダー、ナンマイダー」と手を合わせておられるのが目に入った。その間、何も言わずに。

和尚さんの悪口を言いながら、この地獄のような心で手を合わせるのと、もう一人のご婦人のように「今日は和尚さんに成り代わって靴を揃えさせていただき、ありがたいことだ」という極楽の心で手を合わせるのとでは、ずいぶんご利益が違うだろうなと思った。

「地獄だの極楽だの、本当にあるんですか？　もしあるのなら、よく分かるように証明して下さい」という類《たぐい》の質問を講演の後で受けることがあるが、そういう時にこの話をすることにしている。赤鬼、青鬼、針千本のお山の話をしても「それならお前、行って見たことがあるのか」と問い返されるに決まっているから。地獄、極楽はあの世の話ではなく、生きている私たちの一挙手一投足のその一瞬一瞬が地獄であり極楽である。

心の持ち方一つで地獄にもなり極楽にもなる。その差は紙一重。そして、地獄の心で手を合わせるようでは、ご先祖さまは地獄に堕ちたまま、極楽の心で手を合わせればご先祖さまもお浄土でご安心《あんじん》をいただける。

私たちの心は、一日で八万四千回も変わると経典には書かれている。そのうち極楽の心が何回あったかと考えてみると「恥ずかしい限りだ、ほとんどない」と思うのは私だけであろうか。ほとんどが地獄の心である。その地獄の心を極楽の心にするため、お釈迦さまは「忍辱《にんにく》」という修行の必要性をお説きになった。忍辱とは、表面上の意味は「周囲から受けるさまざまな苦を耐え忍んで生きること」である。

この世の中のことをヒンズー語で「サハー」と呼び、それが漢字に訳される時に「娑婆（しゃば）」と音訳された。サハーとは「忍ぶ」という意味である。この世（娑婆）は耐え忍ぶところ（堪忍土《かんにんど》）である。何のために耐え忍ぶのか。ここが、スパルタや暴力に耐えるのとは違うところである。

バスに大勢乗った時、限られた座席数では誰かが座れば誰かが立たねばならぬ。このように、私たちは知らず知らずのうちに他人に迷惑をかけている時がある。そして、その迷惑を赦《ゆる》してもらっている。忍辱の本当の意味は、「(耐え忍ぶことによって)他人を赦すこと」ではないだろうか。イライラする時や、腹が立った時、「ちょっと待てよ!」と忍辱の心を思い出して、他を赦してみてはいかがであろうか。

歌集「野佛」に寄せられたおたより

（平成4年8月1日）

私ごとで恐縮であるが、一カ月ほど前に歌集『野佛』を出版させていただいた。「『のぶつ』と読むんですか?」とよく確かめられたので念のため。『のぼとけ』と読む。庭の草木や道野辺の花などの植物にも、また、山野の虫や小鳥などの動物たちにも、私たちと寸分違わぬ「いのち」があり、その中にあって私たちは万劫《まんごう》にも受け難き「人としてのいのち」を受けているんだという思いを歌に詠《よ》んできた。

しかし、自然を見つめる平穏な日々の中にあっても、避けることのできない「人の死」に出合わぬ人はいない。幼い時の弟の死から、祖父母、父、義母と人の死に出合ってきたが、中学一年で脳腫瘍のために逝った甥の死は、今までに感じたことのない大きな大きなもの

歌集『野佛』

を私に残した。それを何かの形で表し、感謝の意をこめて甥に供えてやりたくて、また多くの方々と命の尊さを語り合いたくて、歌集『野佛』はできあがった。
沢山の方に読んでいただき、寄せていただいた感想文を読むのがこの上ない喜び。大きな箱を用意して、その中に大切に納めるようにしているが、すぐ一杯になってしまう。とてもうれしく、有り難くて思わず合掌の毎日である。お礼の意味もかねてその一部を抜粋して紹介させていただく。

「生きているんじゃない。生かされているんだ」この言葉に私は大きく揺さぶられました。

「ありがとう」「おかげさまで」、この二つの言葉の意味が本当に、本当によく分かりました、ありがとうございました。

一人っ子の私にとって、中三の時の母との死別は特に辛いものでした。亡くなる時に「お前には試練が必要だ」と申しました。その言葉だけを残して母は……。母は私を強くし、幸せにするため早く逝ったような気がしました。

現在五歳と三歳の男の子がおりますが、もし彼らの身に何かの災いがふりかかったら……、愛する者の身に……、と思うと、いてもたってもおられません。

「癌癒す薬のなきを神仏にただ祈りつつ甥の足撫づ」

自分が父を、母を同じようにした時の思いが蘇ってきました。幼子であればもっともっと何とかしてやりたいと思うでしょう。その切なさが……。人は何故に生まれてくるのでしょうか。自己を実現した時の喜びの中に、また挫折した時の苦悩の中に「生」の意味を感じることがしばしばあります。しかし、本当は「生」の対極にある「死」を通してこそ最もその神髄を学ぶのだと思います。

肉親の絆の太さ、強さに改めて感銘し、涙ながらに何度となく繰り返し、繰り返し吟味しながら読ませていただき、心洗われる気持ちです。人生のゴールも射程範囲となった余生ですが、今後もことあるごとにこの本をひもとき、こころの糧として心安らかに過ごしたいと念じています。

最近、会葬御礼の挨拶の中で次のようなものがありました。「九十二で亡くなった父は、天寿を全うしたといえばそれまでですが、私にとって大切な親との別れ、悲しくて辛いものです。もっともっと長生きしてほしかったと思います。この本で、先生の「いのち」に対する思いに接し、改めて命の尊さを感じました。

生命をいとおしんでいらっしゃる心情あふるる歌の数々、身内の方々との出会いがあれば必ず別れのあること、春夏秋冬の移り変わり、目が覚めたらそこにあるもの皆、歌として収めていらっしゃる細やかな日々の暮らしぶりに心打たれました。

たくさんの感想をお寄せいただき、ありがとうございました。

仏を拝むということは

（平成5年9月1日）

「大龍寺さんには三人も男の子どもさんがおられて、それはそれは結構ですわ。跡継ぎに苦労することもないし、お布施も小僧さんだと安くてすむし……」と檀家の方からよく言われたものである。「和尚さんは結構なご身分だよ。棚経でも何でも小僧さんにやらせて……」などと思われた方もあるかもしれない。確かにそういう一面もあったので否定はしないが、今は違う。三人のうち二人は大学生で京都にいるので、一人しか残っていない。その貴重な一人も、部活動の試合等のため思うようには動いてくれない。

毎日の生活の中でも、小僧のやっていた仕事の一部が私にまわってくる。朝の鐘撞きや観音堂にお茶を供えるのも私の役目になった。私が小僧時代にやっていたお役が三十余年ぶりにまわってきたのである。

本堂のご本尊さまは皆、お厨子《ずし》の中にお祀りしてあるので、直接目で拝むことはできない。しかし、観音堂のご本尊さまは大きいし、目で見ることができるので、ご本尊さまとお話ができる。お茶を供え終わってから、ご本尊さまのお顔をゆっくり十分に拝み、合掌・

礼拝してお経を読むのであるが、時には朝忙しくて急ぐことがある。そういう時にお顔を拝すると、「お前さん、忙しいことだねえ。大変だねえ。でもね、ちょっと深呼吸でもしてごらん」と一緒になって深呼吸して下さる。

子どもが思うように手伝いをしてくれなくてイライラしていると「一歩下がって考えてごらん。子どもが健康だからこそ何でも言い合いができるんだよ。もし大きな病気にでもなってごらん」と智慧を与えて下さる。物事がうまく運ばないで困っている時など「それは苦労なことよのー。本当に苦しいことだろうね。でもね、相手の立場に立って考えてみましょう」と、一緒になって考えて下さる。

毎朝、このようにお顔を

大龍寺の観音堂

拝んでいると、ご本尊さまがいらっしゃらない場所でもいろいろな解決を授けて下さる。何かに行き詰まったり、仕事が忙しくてパニック状態に陥りそうになったりした時、その場で静かに目をつむってご本尊さまのお顔を思い浮かべると、不思議と心が落ち着いて、賢い智慧を与えて頂くことができるのである。そして、自分はご本尊さまに護《まも》っていただいているんだと思えるようになる。

皆さんにもこういう境涯を得ていただきたいと思う。仏を拝むとは、こういうことなのである。難しいことではない。ほとんどのご家庭にはお仏壇があり、ご本尊さまとご先祖さまの位牌が祀ってあるはず。家族の誰もが、せめて一日一度はお仏壇の前で静かに姿勢を正して、ご本尊さまに対面し、合掌・礼拝していただきたい。

もし時間があれば、お経（般若心経など）を大きな声でお唱えするとさらに良い。大きな声で正しい読経をすることは、正しい呼吸法に通じ心身ともに健康になってくる。一年、二年と続けるうちに境涯も深まってくるものである。

続　仏を拝むということは

（平成6年2月12日）

前回、「仏を拝むということは」と題して、まことのご信心について書かせていただいた。各方面から反響があり、読んでいただいた嬉しさを感じている。しかし、その反響の言葉の中に、半分は冗談にしても、半ば本気で次のように言われる方があった。

「自分はお金もある。名誉も地位もまあまあ満足。そんなに真面目な信心深い生活をしなくてもいいのでは……」と。また「どうせ自分の人生、やりたい放題のことができて、面白おかしく生活ができれば、それで充分。あとは野となれ山となれ」と、ずいぶん野放図なことを言う人もいた。

確かにそうかもしれない。徹底的にいい加減に生きるのも本人の自由。仮に何かあっても自業自得と考えればよいわけだから。しかし、そんな野放図な生活をしていて、心安らかにあの世へ逝くことができるのだろうか。

星野富弘さんという方をご存じだろうか。中学校の体育の先生になり、体操種目を指導中、失敗して高い所から落下し、手足が完全に不自由になってしまった。首から上しか動かない中で、口に絵筆をくわえて花の絵や詩を書いている。この人の絵とか、絵や詩の入ったカレンダーが私の居間に飾ってあるが、とても気に入っている。
次の二編の詩も星野さんの作である。

見ているだけで
何も描けず
一日が終った
こんな日と
大きな事をやりとげた日と
同じ価値を見出せる
心になりたい

いのちが一番大切だと
思っていたころ
生きるのが苦しかった

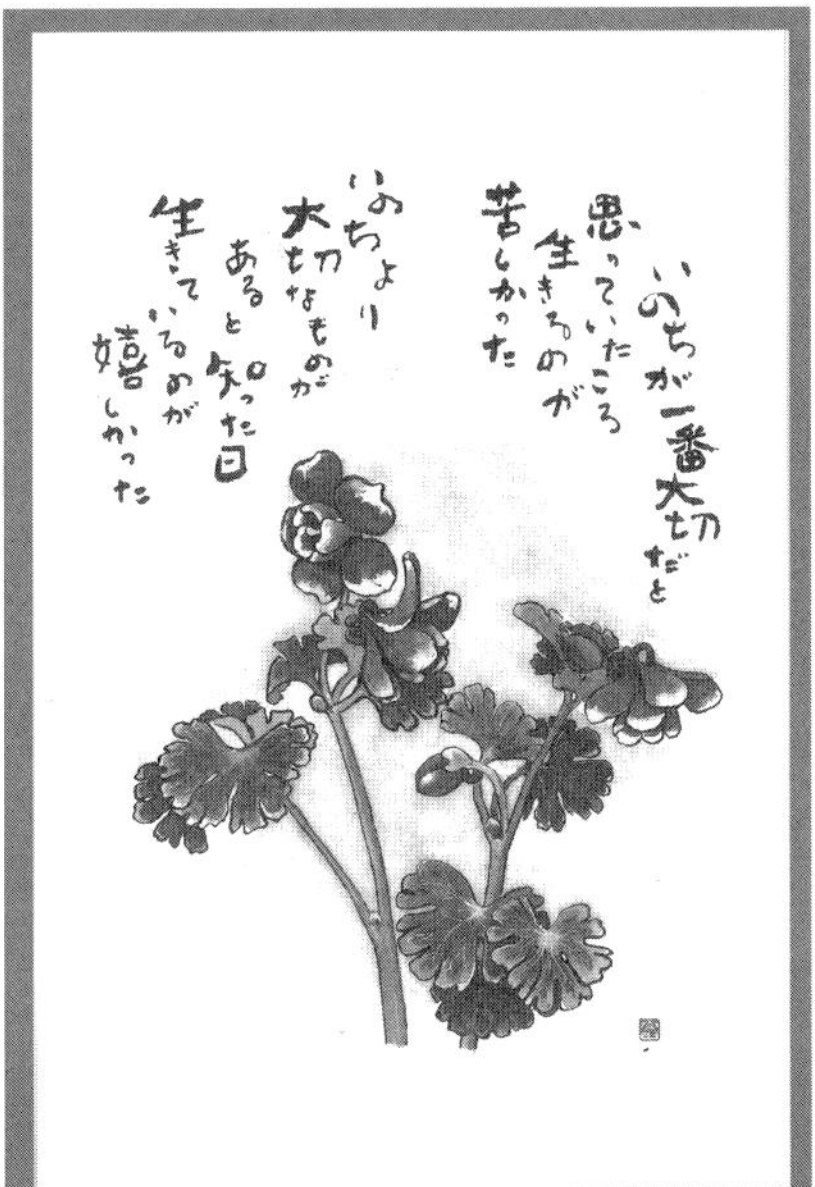

「星野富弘詩画集絵はがき」より

いのちより大切なものが
あると知った日
生きているのが
嬉しかった

「自分が幸せになりますように」と自分のことだけを考え、色々快適なものを外部から取り入れようとだけしている野放図な人と比べて、星野さんの生き方には雲泥の違いがある。外から快適なものが得られなくても、自分が幸せであると言いきれる、内なるものを星野さんは持っている。自分のすべてを神仏に差し出した人にとっては、自分のいのちは問題ではない。神仏のはからいに任せることによって、自分が生かされているという実感が湧くのであろう。生きるのではなくて、生かされている。こう実感するからこそ、仮に不幸に出合っても、安心しきった感謝の人生が送れるのだろう。

どう生きる　あなたの命

（平成6年12月1日）

この題は、臨済宗の大本山妙心寺の開基である花園法皇さまの六五〇年遠忌のテーマである。「お前さん、今までどんな生き方をしてきたんだ?」と痛いところをつかれた気がする。

考えてみよう。存命かどうかは別として、両親のいない人はない。この両親には、それぞれに両親があるから、誰にも四人の祖父母がいるはずである。こうして数えていくと、三代前は八人……、十代さかのぼれば一〇二四人の命、三十代さかのぼると億単位の数字になる。この命の一人といえどもなかったら、自分はいないはずである。また、自分の子どもが後代に栄えていけば、まちがいなくたくさんの命の種になっているはずである。このように考えると、私たち一人ひとりの命は、自分だけのものではなく、先祖の願いがこめられ、多くの人に支えられた、尊い尊い命であることが分かるであろう。

こんな尊い命をいただいていながら、日々の生活の中で私たちは、怒ったり、悲しんだり、迷ったり、自暴自棄になったりする。しかし、このように感情的になった心も、少し落ち着いてくると、「一度しかない人生、悔いのない人生を送りたい」という命の声が聞こえてくる。この声こそ、私たちの命の奥底にある真の人間性（もう一人の自分＝仏心）から生まれてくるのである。この声に素直に耳を傾け、自分の命に感謝し、他人の命も大切にする生き方をしてはどうか。このようにおっしゃった花園法皇さまの声が聞こえてくるようである。

その昔、お釈迦さまは弟子の阿難に向かって、大地の土を少し掌にのせ、「阿難よ。この掌の土と大地の土では、どちらが多いか」と問われた。阿難は「それはもちろん大地の土が多いですよ」と答えると、お釈迦さまは「そうだ。地球上には大地の土ほどの命があるのだが、人間としての命をいただくのは、この掌の土のようなものだ」と諭された。

「それ人間の身を受けて　この世に生まれ来ることは　爪の上端に置ける土　まして尊き仏法の　教えに親しく遇うことは　まこと得がたき縁《えにし》なり」とお経の中にある通りである。

自分の幸せのためでなく、他人の幸せを願って行動している時は、結構充実感があり、また自分も幸せである。そういう人の後ろ姿はとても美しい。ちょうど、草木を愛し、花を愛し、夢中になって世話をしている人のように。

妻になお二指《にし》あり
今日も　洗濯してくれる
南無阿弥陀仏

これは、ハンセン病で両手両足を切断した人の言葉である。奥さんもかつてハンセン病を患い、指が二本しか残っていないが、それでも「この二本の指のおかげで他人さまのお世話にならなくても、食事も掃除も洗濯も、何でも自分でできます。なんと有り難いことよ。なんと嬉しいことよ」

心の底からの喜びの言葉である。

三徳山にお参りして

（平成7年5月13日）

三月中旬から末にかけて、庭の木々を見渡しても何となく心が落ち着かぬ日が多かった。四月の声を聞くようになってやっと、庭の彼岸桜が咲き、納得した。咲く花が咲かぬと心も落ち着かぬのだなと。今年は気温が低いから桜の開花も遅いだろうと我慢して、心待ちにしていた三十本の桜もとうとうチラホラ咲きで終わってしまった。昨年の猛暑と干ばつの影響とか、鳥がつぼみを食べたためとか、いろいろな原因が指摘されてはいるが。また一方で、杉の花粉は異常なほど多く、花粉症に苦しんだ人がたくさんいたようで、中には四十代にして初めて花粉症にかかったという人も。それほど花粉が多いというのも昨年の猛暑のせいか。

平成七年もまだ三分の一しか経っていないのに、未曽有の異変が相次いでいる。東京地下鉄サリン事件やオウム真理教のニュースなどによって、新聞紙上であまり目立たなくなったが、一月十七日未明の阪神・淡路大震災も脳裏から離れ得ない大災害だ。五千人を遥かに超える犠牲者の方々に、また避難生活を余儀なくされた被災者の方々に、何かお手伝いできることがあればと思いつつ今日に至っている。災害の日より数えて四十九日目の朝五時四十分、鐘をついて黙祷をささげた後、読経して犠牲者の方々に回向した。この企画に賛同した近隣の十人の方々も一緒に参加された。同じ思いの方々がたくさんおられると思うと嬉しい気がした。

人間、いつ、どこで何が起こるか分からない。今、こうして原稿を書かせていただいていること自体が、不思議なことであり、有り難いことだと思う。今あるのは、ご先祖さまのおかげ、周囲の皆さんのおかげだと手を合わせたいものだ。

数年前より夫婦二人でプライベートな観音札打ちをさせていただいている。自由に使える日が皆無といっていいが、無理をしてでも年一回はこの日をとるようにしている。おかげさまで出雲三十三カ所が終わり、今は中国三十三カ所を巡拝している。育ててくれた親への感謝、ここまで支えてもらった無限の命への感謝、もろもろの恵みに対する報恩感謝が目的である。

今年は鳥取県三朝町の三徳山三仏寺へお参りした。六根清浄の輪袈裟をいただいて登りかけた三徳山。道らしい道はなく、険しい岩を這《は》い上っていくこと四十分。峻厳な絶壁にお堂がある。往古の人々がどのようにして作ったのであろうか。想像もつかず、感嘆する

三徳山三仏寺投入堂

のみ。唱えた般若心経に清浄無垢な美しさを感じた。冬枯れの木々にかわいらしく芽吹く緑、谷わたる鶯の声、千古の木々の香り、ふと感じる空気の味……。

仏の眼、仏の耳、仏の鼻、仏の舌、般若心経にある「無眼耳鼻舌身意《むげんにびぜっしんに》」とはこのことであろうか。

報恩感謝のつもりで行った札打ちの行のおかげで、自分の心が清浄になっている。有り難いことである。

聞く心　澄ませば幽谷　深山の
　慈悲の声かも　うぐいすの啼く

同行二人の　輪袈裟授かり　這い上りし
　山の頂《いただき》　うぐいすの声

彼岸のこころ

昨年の猛暑の影響かどうかは分からないが、今年は桜の花の開きが悪かった。しかし、水木《みずき》の類は例年以上に花を多くつけた。ほとんど花をつけたことのない庭のヤマボウシが、今年は突如たくさんの花をつけた。七月に入ると、長年大切に育ててきた夏椿が、十あまりのつぼみをつけ、ついに花を咲かせた。夏椿は沙羅双樹《さらそうじゅ》とも呼ばれ、お寺では特に重宝《ちょうほう》がられる。十年ちょっと前に大山から買って帰った夏椿の木はすぐ枯れてしまったが、その根元から出てきた若芽がやっと花をつける大きさになったのである。夏椿の花の命は一日限り。昨日三輪、今朝二輪、鐘をつきながら花と一体になって、生かされている自分に幸せを感じた。

手帳にぎっしりと書き込まれた予定をこな

夏椿の花

（平成7年9月10日）

すのにあくせくしている日暮らしの中に、ややもすると忘れてしまいそうな山川草木の命を感じることのできる幸せに感謝したい。自然を愛し、命を大切にする心は誰にも平等に与えられている。しかし、その素直な心以上に仕事のこと、嫁と姑、夫婦、子どものことなどで迷ったり悩んだりする。また、金銭欲や名誉欲に振り回されたりもする。そういう心の状態を仏教では「此岸《しがん》」と呼んでいる。対して、「あ〜、幸せだな〜、有り難いな〜」と、一時的でなく、継続的に感ずることのできる心の状態を「彼岸《ひがん》」と言っている。どうすれば彼岸に到達できるのだろうか。

かつて教え子の男性が身の上相談に来て、妻がいつも面白くなさそうにブツブツ言っているが、何か良い方法はないだろうかと問うてきた。半分冗談、半分本気で「あんたと結婚して良かった、良かった」と毎日毎日言い続けてみるように言った。教え子は、とてもそんなことは言えないと、実行するようにも見えなかったが、半年ちょっとたって電話をかけてきた。

「先生、初めの頃は心で思うだけでしたが、ある時ふとしたきっかけで勇気を出して言いました。言い続けて一カ月、家庭が少しずつ明るくなってきているように思います」と。

愚痴と不満に満ちた此岸の家庭が、この男性の智慧《ちえ》と精神によって、その心が奥さんにも通じ、おかげさまと感謝に満ちた彼岸の家庭にたどりついたのだと思う。

まもなく秋の彼岸。此岸（現実）で貪《むさぼ》り、怒り、口論に振り回されている自分を見つめ直し、お墓参りなどの仏事を通して生活態度の総点検を行うのが彼岸の七日間だと思う。「笑顔を絶やすまい」とか「挨拶をきちんとしよう」「礼儀を怠るまい」「ありがとう、すみません、どうぞ、と素直に言うようにしよう」等々。何か一つを実践してみるのも良い。

今日彼岸　菩提の種を　蒔く日かな
松尾芭蕉

いのちのつぶやき

（平成7年12月10日）

最近、群馬県の東村（現・みどり市）を訪れる機会に恵まれた。星野富弘さんの絵を見るためである。ご存じの方も多いだろうが、富弘さんは中学校の体育教師として赴任して、わずか二カ月余りの一九七〇年六月、クラブ活動で体操の指導中に頸髄を損傷、一命をとりとめたものの、手足の自由を完全に失った方である。九年間の入院生活中、大変な努力の末に、口にくわえた絵筆で文字と絵を描くことを覚え、その後自宅で療養のかたわら、詩画の創作活動をしておられる。

神様がたった一度だけ
この腕を動かして下さるとしたら
母の肩をたたかせてもらおう
風に揺れるペンペン草の

「星野富弘詩画集絵はがき」より

実を見ていたら
そんな日が本当に
来るような気がした。

この詩とともに描かれたペンペン草の絵は、本やカレンダー、絵はがきなどで多くの人に知られている。私も居室に飾っている。しかし、東村の富弘美術館で見たペンペン草の絵の色は本とは違っており、生あるものすべてに共通する「いのちの色」であった。富弘さんのこの「いのちの色」が「母の肩をたたかせてもらおう」とささやいているようであった。

富弘さんのように口で絵筆をとるどころか、口で一言も言えない人もいる。寝たきりで床に臥《ふ》したままの水野源三さんが、十年前に四十有余年の生涯を全うされる直前に詠まれた歌。

いくたびも　ありがとうと　声出して
言いたしと思い　今日も日暮れゆく

愚痴のかけらも感じられず、本当に感謝して「ありがとう」と毎日毎日声に出して言いたいと思って生きていかれた姿が目に浮かぶ。

富弘さんや水野さんのこの感謝のつぶやきこそ、私たち人間に与えられた「いのちのつぶやき」だと思う。この「いのち」は生まれながらに誰にも平等に与えられ、太古の宇宙の時代より子々孫々受け継がれ、また、後代に伝わっていくものである。この「いのち」のことをお釈迦さまは「仏心」とか「もう一人の自分」とおっしゃっている。どんな人にもご先祖さまへの思いや周囲の様々ないのちへの感謝の思いがあるということである。

昭和二十七年の大龍寺授戒会でお越しになった妙心寺の元教学部長の松原泰道師も米寿をお迎えになった時、次のように語っておられる。

いのちなりけり

お母さん

今月（十一月）二十三日に、おかげさまで私は満八十八歳になります。お母さんが亡くなったのは、私が三歳の時です。幼い私を後に遺して、お母さんはどんなにか死にたくなかったでしょう。私もお母さんが恋しくてなりません。お別れしてから八十五年もたつのに、今の方がかえって、お慕《した》いする気持ちが強いのです。（中略）

昨年、転《ころ》んで烈しく膝頭《ひざがしら》を打ちました。さいわいに骨を傷めませんでした。レントゲン写真を見ながら「高齢者には珍しい丈夫な骨格だ！」と医師先生から賞められました。お母さん、ありがとう。こんな丈夫な身体を生んで頂いて……。私はうれしくて、帰宅するとすぐにお母さんのお位牌に、お線香をお供えいたしました。

しかしお母さん、私も追っ付けお母さんの許へまいります。そしてお母さんに甘えたいのです。それまでは佐藤一斎《さとういっさい》（江戸後期の儒学者）のいった「老いて学べば死して朽《く》ちず」を杖言葉に、勉強を続けます。

お釈迦さまより八年も長生きをさせていただいて、勿体ないことです。古川大航《ふるかわたいこう》管長さまが「上手に齢《とし》をとれ！」とおっしゃったのが、今も耳に残っています。

米寿われ　亡母《はは》に手ひかれ　山を越え
河を度《わた》りて　今日を恵まる

ことばの花を咲かせましょう

（平成8年5月22日）

東京の国立劇場で文楽の鑑賞をした時のこと。休憩時間にトイレに行って見ると、たくさんの人が長い行列を作って、イライラした顔で順番を待っていた。しばらくして、七十歳くらいのご老人が用を済ませて、「お先でした」と軽く会釈をして去って行かれた。やわらかい声、つつましやかな動作。たったこれだけのことではあるが、その後のトイレ待ちの雰囲気が、冷たくて無関心な空気から一変した。誰もが「お先でした」と言い出し、そのうち「お先に」「どうぞ」という明るい言葉が交わされ出した。言葉には出さない人でも、軽い会釈や微笑みが交わされ、和やかな順番待ちの雰囲気となった。

「こんな話は、年配の方の話だろう」、「今頃の若い者はとても……」と聞き流す人もあろうが、若い高校生の中でもつい先日、同じようなことに出合った。遠足の目的地へ着いたバスから高校三年生が降りる時の話。はじめのうち、挨拶もせずブスッとした顔で降りていく生徒が五、六人いた。そのあと、ある女生徒が「ありがとうございました」と運転手に声をかけ、バスを降りてガイドさんにもはつらつとした声をかけた。これにつられるかのごとく、あとに続く生徒が「ありがとうございました」とか「お世話になりました」と次々と声をかけ出した。とてもさわやかな笑顔の雰囲気がその場を漂った。

皆さん、私が何を言わんとしているか、もうお分かりのことであろう。トイレの順番待ちにしても、バスを降りる時の挨拶にしても、皆が思ってはいてもできなかったことを、最初にご老人や女生徒が口火を切ったのである。このことがとてもすばらしいことだと思う。

「一人では何もできない。しかし一人が始めなければ何もできない」という外国の諺《ことわざ》がある。ことばの花を咲かせる最初の一人になること。これは、布施行と呼ばれる修行の一つで、仏さまのような心になる大切な菩薩行である。

人間誰もが、何億年の歴史の中で脈々と伝えられてきた「いのち」と呼ばれる仏心を平等にいただいて、たまたま人間の姿でこの世に生を受けたのである。皆が同じ命をいただいた友だちであり、すばらしい仏さまである。「あなたという仏さまをさしおいてお先にトイレに行かせてもらってありがとうございます」「あなたというすばらしい仏さまに運転していただいてありがとうございます」「ありがとう」の根本は、このことの自覚ではなかろうか。

江戸時代の禅の巨匠白隠禅師はこのことを「つつしみ」と言って、次のように詠んでおられる。

つつしみを　おのが心の　根とすれば
　　ことばの花は　みごと咲くなり

花が咲くのは、その花を宿す樹にしっかりした根があるから。根がなかったら幹も枝も葉も花も育つわけがない。ことばの花も全く同じ。「つつしみ」という根がきちっと宿っているからこそ、ことばの花が咲くのだろう。

皆さん、ことばの花を咲かせる最初の人になってみましょう。

得がたき縁《えにし》

（平成8年10月15日）

去る九月十三日、京都嵐山にある天龍寺の僧堂《そうどう》（禅の専門道場）の雲水さんが三人、托鉢《たくはつ》においでになった。その中の一人は、今年の春に入門したばかりの私の長男であるが。自給自足と乞食行《こつじきぎょう》により生活している雲水さんたちが、安心して坐禅の修行に励むことができるようにと、遠く地方に赴いて乞食行（托鉢）をなさったのである。

迎える皆さん方にとっては初めての経験で、どうすればよいのか、戸惑われる方がほとんどだろうと多少心配になって、私も「ホー、ホー、……」と声を出して歩く雲水さんの後からゆっくりついて行き、補助役をつとめた。

本郷道路には、たくさんの方々が家族ぐるみで出かけて下さった。老いも若きも、男性も女性も。中には、「この孫にも仏縁が授かればと思って連れて出ました」と乳飲み子を抱いた方も。

誰もが雲水さんに手を合わせ、硬貨やお札を供養されるその顔がまた感動的であった。祈りをこめた顔、笑顔、和らいだ顔、……。あんなに救われたような表情でお金を差し出

天龍僧堂に入門するため出立する長男・慎龍（平成８年３月）

す場面はめったにないだろう。

「お寺の若さんはどの人か分からないので、教えてもらって千円入れました。しかし、ほかの方に何もしないのは悪いような気がして、五百円玉を出しました」とか、「家に帰って五百円玉を探したけど、なかったのでほかの雲水さんには百円で勘弁してもらいました」とか。「僕も入れるー！」と言って硬貨を入れるあどけない小学生。「僕はこれ！」と言って栗の実を差し出す幼稚園児。「帰ってから食べて下さい」とお菓子を差し出すおばあさん。この光景を近くで見ながら、心の中でどれだけ合掌したことか。

これらの光景を写真に撮って下さった方がある。夕暮れ時の忙しい時間に、いちいちフラッシュをたきながら……。アルバムにして本堂に置いておこうと思う。このたびの縁に出合った幼稚園児や小学生が、何十年か後にお寺参りをして、この写真を見て托鉢のこと

僧堂から托鉢に来られた雲水さん（平成８年９月）

をもう一度思い出してくれたら、きっと懐かしいであろう。そして、「供養する」とはどんなことか、托鉢とはどんなことか分かってくれたら、このたびの托鉢が大成功であったということになるであろう。

磨いたら磨いただけに光るなり

（平成9年5月15日）

「今日は花まつりで除策《じょさく》（警策《けいさく》で打たれるようなことがないこと）です。午前中仏殿での法要に出て、午後はゆっくりできるというとてもラッキーな日です。でもこれからすごく厳しくなるらしいので、今でも怒鳴られてばかりなのに、少し不安です。しかし、一年目はこんなものだと思わなきゃダメですね。……（中略）……五月から入制。気合いを入れてとりあえず耐えようと思います。それでは、お父さんもお母さんもおばあさんも、体に気をつけて元気でいて下さい。この手紙は、上の人が出しといたると言われました。いつ届くか分かりません。

四月八日　　宏観」

これは、去る三月末に専門道場に入門した二男からの初めての手紙である。朝から晩まで怒鳴られてばかり、そして叩かれてばかり。

そんな中での除策は、どんなにか嬉しいこと。しかし、手紙を出しに外へ出る自由はない。「出しといたる」という先輩の言葉の嬉しく、有り難いこと。僧堂《そうどう》（専門道場）一年目は大体こんな具合である。

昨年の長男に続いて、去る三月三十日、二男宏観が大本山妙心寺の専門道場に掛搭《かとう》（入門）。前日の二十九日の大龍寺出立に当たっては、学生時代四年間を過ごした花園禅塾の塾頭である閑古室老大師をはじめ、五十名を超える檀信徒の皆さんが駆けつけて下さった。涙の顔、手を合わす顔、多くの方々のお見送りにただ感謝あるのみ。

僧堂へ出立する宏観（平成９年３月）

京都嵐山の天龍寺専門道場に掛搭した長男も、雲水生活二年目に入り、今は天龍寺の平田精耕管長と僧堂の老師の隠侍《いんじ》（お世話役）の仕事を与えられ、頑張っているようである。末息子の三男も、花園禅塾で修行をしながら花園大学二回生の学生生活を送っている。三人の息子たちが曲がりなりにも出家坊主らしくなってきたことは、親としてこの上もなく嬉しい。そして、ここまで育てていただいた多くの方々に感謝のみである。仏縁の種をまいてくれた祖父母、その種から出た芽を育ててくれた両親や親族、知的教育をして下さった学校の先生方、社会教育や部活で心身を鍛え根性をつけて下さった先生方、子どもの頃から仏事に呼んでいただき、かわいがって下さった檀信徒の皆さん。親がしたことはほんの少しで、ほとんどは皆さんに育ててもらった。そして今は、専門道場で老師や先輩の雲水さん方に鍛えてもらっている。

また、私の父や義母、中一だった甥が、死をもって私の子どもたちに教えてくれたことは、言葉には表現できない程の深いものがある。

修行生活というものは本当に辛いものではあるが、それを通して得るものは大きい。

磨いたら磨いただけに光るなり
　性根玉でも何の玉でも

これは、江戸時代に流行《はや》った狂歌である。「磨いたら磨いた分だけは光るものだ。性根玉（根性）をはじめ、どんな玉でも」という意味である。三人の子どもが修行を通して玉を磨いているように、私自身も、もっともっと私の玉を磨いて皆さんに恩返しをしたいと思うこの頃である。

常に笑顔で親切に

（平成10年12月15日）

「親孝行したき時には親はなし」。

せめてもの追善供養のため、義母が逝ってからずっと年一回お寺参りを行っている。出雲観音札所霊場（三十三カ寺）を三年かかって終わり、次は中国観音札所霊場（三十三カ寺）へのお参り。今年はその最後の年。予定していた日に用事ができたり、年老いた母の面倒をみてくれる末息子（大学生）の都合に合わせる必要があったりで、なかなか日取りの設定が難しかった。

家族ぐるみの付き合いをしているケーブルさん（オーストラリアの方で元松江商業高校勤務、現在宇部市在住）夫婦と十八番札所の宗隣寺（宇部市）で合流した。早速写真を撮ろうとしていた家内が、「カメラのフィルムがもうなくなる！」と困惑気味につぶやいた。今日は観光ではなくお参りだから我慢しようと半ば諦めていた。そこへ、六十歳前後の和服姿のご婦人が、「これを使って下さい。このフィルムで使えるでしょ？」と言いながらコダック製のフィルムを差し出し、使い方を教えて下さった。ご婦人のペースにすっかり巻き込まれて唖然《あぜん》としているうちに、そのご婦人は足早に去って行かれた。姿が見えなくなる寸前、小走りで追いつき、「あのー、フィルム代金を……」と言う私の言葉に、「代金なんかいりません。たくさんフィルムを持っていますから」。私は大声で「ありがとうございました」と深々と頭を下げた。

「外国の友人と再会して、どうしても写真を撮りたいだろう」と察して、このご婦人はフィルムを下さったのだろう。しばらくの間、ご婦人が立ち去られた方向を眺めながら心の中でつぶやいた。「あなたのご親切は、決してお金を払えば済むようなものではありません。以後、こんな場面で多くの方々に親切をさせていただくことによって、今日あなたからいただいたご親切のお返しとさせていただきます。本当にありがとうございました」と。

フィルムをもらったことももちろん嬉しいが、「自分も多くの方々に親切をさせていただこう」と思わせてくれる機会を与えてもらったこと、これが本当に嬉しかった。これはきっと、亡くなった義母が、このご婦人になり代わって私たちに教えてくれたのだと思う。これが「ご利益《りやく》」である。

こんなことを期待してお寺参りをしたわけではない。ただ一心に義母の冥福を祈っていただけ。何も期待していなかったからこそ、いただくことのできたご利益である。

お釈迦さまは、正しい悟りの境地に至るための六つの修行の方法をお示しになっている。このご婦人がなさった行いは、その六つの中の一つ、布施の行《ぎょう》と呼ばれる修行にあたる。他人を心の底から喜ばせる修行である。不幸に出合った方々に義援金を送る。これも立派な布施行ではあるが、お金がなくても布施行はいくらでもできる。例えば、常に笑顔で他人に接すれば、人は皆、心が温まってくる。これは、布施行の中でも「和顔施《わがんせ》」と呼ばれるもので、間違いなく世の中を明るくしてくれるものであろう。

中国観音札所霊場巡りで、いただいたフィルムで撮ったケーブルさん夫妻（右の２人）との写真。左は妻（平成10年10月）

飯塚一定さん！しののめ　ありがとう

（平成12年5月25日）

「前略、お元気でしょうか。私はようやく修行の生活に慣れてきたところです。ちょっといやなのは、仁和寺《にんなじ》の境内から一歩も外に出れないことくらいです。まだ俗世のことが気になりますが頑張っていきます。

さて、このたび授戒を受けることになりました。印鑑を持って来ていないので、同封の書類に押印して下さい。もう一つお願いがあります。半袖の下着三枚、石鹸三個、読みかけの本『チベット死者の書』を送って下さい。（後略）

追伸　余計な気をつかって、お菓子など間違っても送らないように！」

これは、去る四月六日より真言宗仁和寺（京都）での修行に入っている三男からの手紙の一部である。電話もできない、手紙も書けない生活の中で、たまたま公用の手紙を書く機会を与えられた喜びの様子が伝わってくる。「お菓子など……」とあるのは、郵送物は皆検査があって、不必要なものは親元へ送り返されるからである。

四月五日早朝の出立式には、多くの皆さまにお見送りをいただき、感謝の念でいっぱいである。合掌の顔あり、涙の顔あり、照れ隠しの笑顔（本人）あり。それぞれの思いで送っていただいた皆さま方の気持ちに励まされて頑張ってくれるものと確信している。こういう励まして下さる姿勢が三人の子に大きな影響を与えたことは言うまでもない。幼稚園の頃から「ぼうさん、ぼうさん」と親しく声をかけて下さり、大切にしていただいたおかげで、三人の修行僧が育ったと感謝している。また、大龍寺が外から見ても内から見ても立派になっていく雰囲気の中で育ったことも大きい。庫裡《くり》や方丈の間の新築、本堂や隠寮、そのほかすべての建物の屋根替え、参道や墓地の新規造成。ソフトの面でも新しい行事が続々と。除夜の鐘を撞《つ》く会や、書き初め会、地蔵さん供養などなど。

これらの諸行事を黙々と記録し、広報して下さった方が飯塚一定さんである。十年以上の長きにわたり、年四回、欠かすことなく花園会報「しののめ」を発行していただいた。飯塚さんの卓越した編集方針があったからこそ長続きしていると思う。

①過去の歴史を掘り起こし（大龍寺物語）現在の記録を正確に残す。

②なるべく多くの読者の原稿をのせる。

③読者の視点に立った内容にする。（行事の感想や質問コーナー）

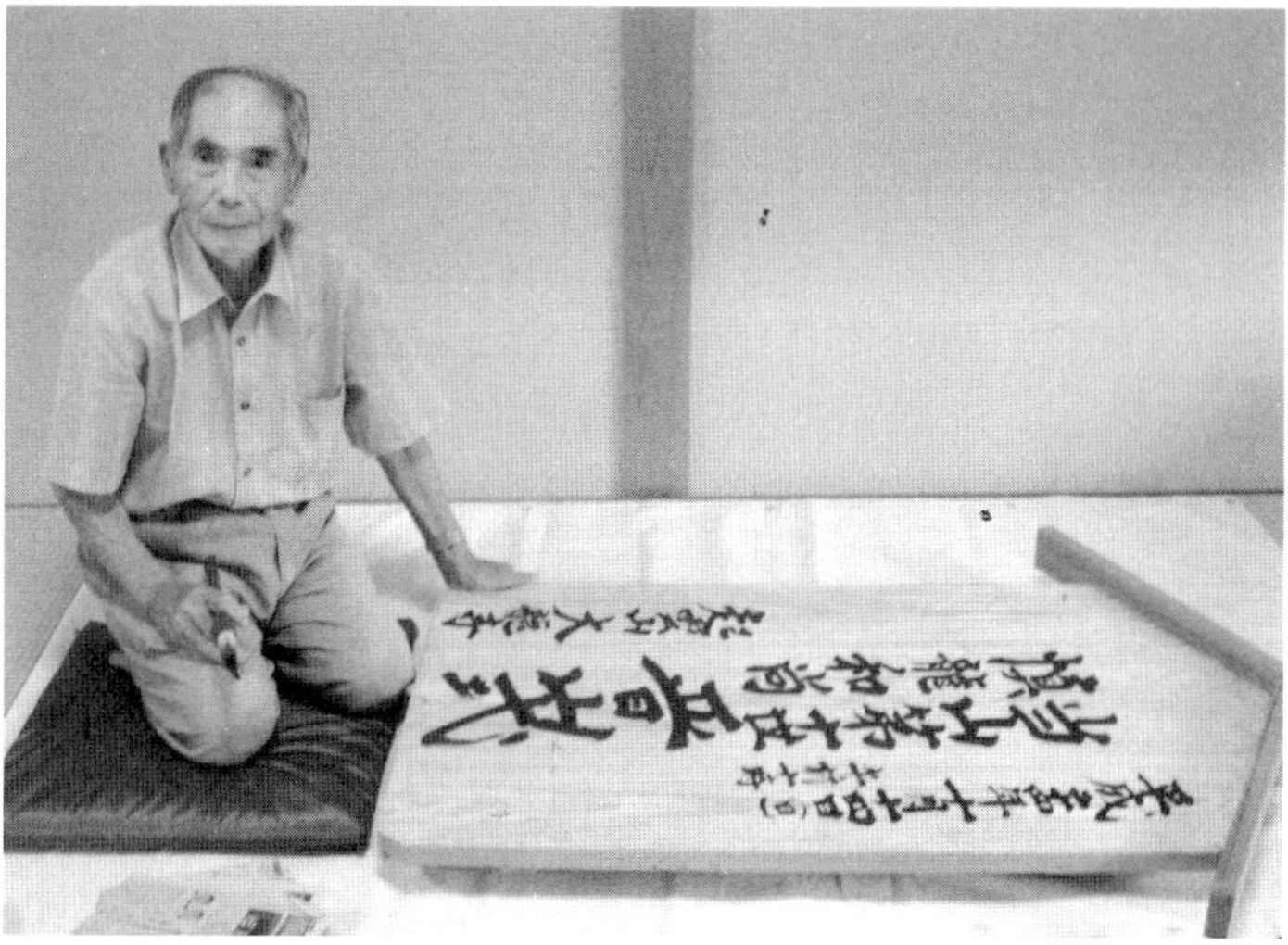

晋山式の立札を書く飯塚一定さん（平成24年7月）

④その他

原稿を集めるのが一番大変だったと思う。なだめたりすかしたり、原稿が出るまで笑顔を絶やさずじっと待つのは、どんなに大変だったか。頭が下がる。飯塚さんはきっと、大龍寺に縁のある者が皆、み仏の心に出合い、本当の幸せがつかめますようにという思いがあったからこそ、できたことと想像する。

これを仏教では「種智《しゅち》を円《まど》かにする」と言う。人間誰もがご先祖さまからいただいた仏心（種智）。俗世の生活で濁《にご》ってきた仏心を何とか磨いて円かなものにしよう。そのために、一日一度は静かに坐って、身《からだ》と呼吸と心を調え、手を合わせるのである。

このことをお互いに分かり合う場を提供して下さったのが、しののめ編集長の飯塚さんである。

飯塚さんが編集長として発刊して下さった「しののめ」が、第三号から第五十二号までのちょうど五十回分となった機会に、皆さんとともに感謝の意を表したい。

「飯塚一定さん、しののめ　ありがとう」と。

お互い助け合って

（平成12年11月10日）

梅雨に入って間もないある日、法事の後のお斎《とき》（食事）の席で、七十代のご婦人が嬉しそうに話された。

「この間、大々的な改装工事を行っているJRの出雲市駅で、バス乗り場が分からなくて困っていたら、高校生が近づいて来て、乗り場を親切に教えてくれました。大喜びで教えてもらった方向に歩いて行ったら、生憎《あいにく》そこは通行止めになっていました。どうしようかと思案していたら、近くにいた別の高校生が教えてくれました。丁度タイミングよく乗りたいバスがやって来たので乗ろうとしていたら、最初に教えてくれた生徒さんがわざわざ小走りにやって来て、『さっきは間違いを教えてしまってすみませんでした』と。何と心の温かい優しい生徒さんでしょう。テレビでも新聞でも暗いニュースの目立つ昨今、こういう話はトップ記事にならないのでしょうか。嬉しくてうれしくて。バスが出るので名前が聞けなくて残念でした」

私は、この話を聞きながら、この生徒さんのご両親がどんな教育をなさっているのか、勝手に想像してみた。このご家庭では、家事その他の用事を家族みんなで分担してやっておられるのであろう。子どもにできることはどんどんやらせて、親と子が、また祖父母と孫がお互いに「ありがとう、ありがとう」と感謝し合う生活をしているであろう。こういう環境の下では、子どもの持つ本来の良さが表れるもので、老若男女お互いを思いやる気持ちが育まれ、ひいては他人との共生に結びついてきたのであろう。お年寄りの良さをきちんと受け入れることができるように育ったこの生徒さんは幸せだと思う。「子ども叱るな来た道じゃ。年寄り笑うな行く道じゃ」の諺《ことわざ》の通りである。

プライベートな話で申し訳ないが、私の三男が今年の四月に仁和寺《にんなじ》（京都）の修行道場に入門した。二十人が入門したが、厳しい修行生活に耐えられなくて六人が逃げ帰ってしまったらしい。残った十四人の中には、五十七歳になる年配の方（Aさん）もおられた。

Aさんは、若い修行僧に交じって一生懸命頑張ろうと努力はするが、五十代の体は所詮二十代の若者の動きには勝るはずがない。多くの二十代の若者が、五十代のAさんののろさに対して、ブツブツ文句を言うらしい。そんな話をした後、三男はさらに言葉を続けた。「僕はおばあさんと一緒に暮らして、おばあさんの動きを見ているから、このAさんののろい動きも気にならないよ」。

私はこれを聞きながら、八十四歳の母に心から感謝した。年を取れば動きも鈍くなる。口に入れたご飯もポロポロ落ちることもある。そういうことを体を張って三男に学ばせてくれたのは私の母である。有り難いことである。

親では教えられない教育、また言葉だけでは教えられない教育があることを忘れてはなるまい。

仁和寺の修行道場に入門した三男・快遍
（平成 12 年 4 月）

大いなるものにいだかれ

（平成13年6月15日）

お寺という広い空間に生まれ育った私には、二〜三年でいいから六畳間一部屋の生活をしてみたいという憧れがあった。庭掃除もいらない、田畑の管理も必要ない、「あれはこの部屋、これはあの部屋」と物を探して走り回る必要もないし、一部屋だけを整理整頓すればいいわけだから、雑用がずいぶん減ると予想されるからである。

去る三月中旬に、図らずも邑智高校への転勤の内示をもらった。車で片道一時間五十分。校長住宅があると聞いて、単身赴任を決めた。土、日はともかく、ウィークデーは雑用がなくてさぞかし余裕ができるであろうと胸がワクワクした。三度の食事が大変だろうというご心配にも「料理のできない者は禅宗坊主にあらず」と答え、自給自足の禅の修行を語ったりした。

ところが…、である。四月に入っていざ赴任して住宅へ行ってみると、部屋が五つもある。しかも、建坪の数倍はある畑。すでに草ぼうぼう。一カ月もすれば、住宅もろとも草に埋もれてしまうのではないかという不安が脳裏をよぎった。五月の連休があけてやっと、背の高さまで伸びた草は、人手を借りて何とか征伐。月の光を利用して畑の一部を鍬で耕して、ナスやピーマンを植えた。「ウィークデーは多少は楽に」という期待は見事に消え去った。自分はよくよく忙しい生活を送るように生まれついているのであろう。前世で楽な生活をし過ぎたのかも……。

住宅住まいが始まって二～三日。勤めから帰って寝るまで、どうも心の落ち着きが悪い。何か足りないものがある。それは何だったか？　床に掛け軸を掛け、その前に薬師如来像をお祀りして解決した。今まで勤めから帰ると本堂で手を合わせていた。これだけのことで自分の心が随分落ち着いていたのだということが身に染みて分かった。皆さまのご家庭で言えば、お仏壇に手を合わせることによってどれだけ心が落ち着くか、ということであろう。私たちは大いなるみ仏の力によって支えられているということを実感した。

大本山妙心寺の元管長山田無文老師がまだ十九歳で修行中のこと。生来虚弱体質の身体に過労と睡眠不足、栄養失調が重なって結核を患われた。実家に帰ったが、伝染を恐れて誰も寄り付かない。医者にも諦められて離れに隔離された山田無文さん。「自分は誰にも諦められて……。自分を相手にしてくれる人はどこにも……」。失意のどん底の生活を余儀なくされた。

とある夏の朝。部屋の戸を開けたところ、一陣の風が入って来た。

「そうだ、空気というものがあったなあ。おれは一人じゃないぞ。孤独じゃないぞ。おれの後ろには、生きよ生きよとおれを育ててくれる大きな力があるんだ。人間は生きるのじゃなくて、生かされるのだ」

生きる気力を取り戻した山田無文さんはこの時の気持ちを次のように歌に詠んで、再び修行の道を歩まれたのである。

大いなるものにいだかれあることを
　けさふく風のすずしさにしる

私たちはご先祖さまのおかげ、お水や空気、食べ物など大自然の恵み（いのち）のおかげ、本当に目には見えないが大きなおおきな力の支えによって生かされている。何とすばらしいことではないか。

子どもは見ている

（平成13年12月10日）

最近、驚いて二の句がつげないことがよくある。

ある保育士さんの話。

「昔は子どもさんを誉めてあげると喜んでもらえた。今は親さんを誉めてあげないと……。『これ、十二時になったらチーンして下さい』と言って、弁当としてレトルト食品を渡された。『栄養がかたよりますよ』と言うと、次の日はパック商品に栄養剤を添えて持って来られた」

「情緒不安定な子どもの親さんと話していたら、『急に機嫌が悪くなって手に負えない。取扱説明書でも持って生まれてくれればいいのに』と言われた」などなど。

ママポリスさんの話。

「ガムの万引きで補導された少年曰く『この程度なら盗《と》っても店は困らないだろう。自分も困らないから』」

「昔はタバコの補導は駅裏や神社などの隠れるような暗い場所。これはタバコが悪いことだと知っていたから。今は駅の中や道路など、人目につく場所。これはタバコが悪いという意識がないから」

ある高校生。

「通学用の自転車が駐輪場で盗まれてしまったので、自分もその辺の自転車を借りて使った」（断りなく使うのを「借りる」とは言わないはずだが……）

書き出せばきりがない。いくらでもあるが、これぐらいにしておこう。それより「どうすればよいか」を考えてみたい。先ほど登場された親さんが子どもの教育を怠っておられるとは思わない。子どもに良かれと思って一生懸命だろうし……。

では、どこに問題があるのであろうか。

昔の親は、「仏さま（神さま）の罰があたるよ」とか「おまわりさんにつかまるような悪いことをしてはいけないよ」、「我が家の恥だ」などという叱り方をした。つまり、人としての生きる道を説き、社会の決まりや習慣によって生きるしつけをした。ところが今は、「お前、偉い人になれよ」とか、「そんなことしていないでこうしなさい。○○さんを見てごらん」などと、「期待と助言」中心の子育てに変わってきたように思う。子どもは、その期待と助言に添うように努力するが、だんだんそれが難しくなって、親から離れようとし、それでもしつこく言うとついには「むかつく」とか「キレる」という最悪の状態を招いてしまう。こんなことを繰り返して親子の断絶を起こしているのではなかろうか。

先日、共働きの両親を持つ小五のK君が、食事や洗濯、おやつの準備をしてかわいがってくれたり、学校での話をウンウンと何でも聞いてくれたりしていた祖母を亡くした時の作文を読ませてもらった。

「僕は学校が終わっても家にあまり帰りたくなくなりました。『ただいま』と言ってもお帰りなさいの声が返ってこない。僕は、外でぶらぶらしてお母さんの帰りを待つようになりました。……」。その後、近所のおばあさんが声をかけてくれ、学校が終わるとそのおばあさんの家で母親の帰りを待つようになった。

「お帰りと言ってくれるのがとても嬉しかったです。最初はよその家だから緊張したけど、だんだん自分の家のようにくつろげるようになりました。このおばあさんがいて、とても良かったです。一人ぼっちじゃないと感じたからです」

子どもは大人の日常の姿を見ていないようで実はよく見ているもの。

「家の両親は怒ってばかりいるし、祖父母は口やかましいけど、毎日仏壇に手を合わせている時の顔は、本当に仏さまのように幸せな顔だ」と子どもに感じさせるようなことが一日一回はあってほしい。それにはそれなりの信心の姿が必要だ。

「遠いとおい過去より脈々と伝わって来た命を両親にいただき、周囲の方々や、お米さん、野菜さん、お魚さんなどの命のおかげで生かさせてもらっています。ありがとうございます」と。大人がこういう感謝の生活を続けてみせることこそ、子どもにとって最高の教育ではなかろうか。

仏教徒としての懺悔《ざんげ》

（平成14年2月25日）

「イスラム教はすごいですね。断食月など、信者は皆、額《ひたい》を地につけ、五体投地《ごたいとうち》をして神に祈りを捧げている。私にはとてもできません」と、ふと知人が口にした。

「仏教でも額を地につける礼拝行《らいはいぎょう》というものがあるよ」と言うと知人は「僕の家も仏教だけど、そんな礼拝などしませんよ。いつそんな礼拝をするんですか」とか、「なぜ礼拝をするんですか」とか、続けざまに質問してきた。

私たちが本当に仏教徒であると胸を張るには、実は授戒会《じゅかいえ》という儀式に参加して、本山の管長さまより戒を授けてもらい、仏弟子になる必要がある。この時、仏弟子としての名前をもらうが、これが戒名と呼ばれるものである。仏弟子となる授戒会では、み仏の名号（名前）をお唱えし、額を畳につけ、礼拝して懺悔する。仏弟子となった後も、仏教徒としての自覚を持ち続けるために、毎日礼拝したり、あるいは年一回くらい、布薩会《ふさつえ》という儀式に参加して礼拝・懺悔したりするのが普通である。こういう仏教徒としての大切な行事が近年おろそかにされていて残念だと感じている者は私だけではあるまい。

ところで懺悔とは、現代流に言えば「み仏の前で今までの罪を述べて改心すること」と知人に説明したら、「自分は罪など犯してはいない」と言い張った。今頃の若い人に罪について説明するのは難しいと思ったので、次の二つについて理解していただいた。皆さんもよくよく考えていただきたい。

まず第一は「感謝を忘れた罪」。私たちの命は父母から頂いたもの。父母の命は、父の両親、母の両親から頂いたもの。要するにずっと前から脈々と受け継がれて続いてきたご先祖さま方の命を両親から頂いたものが私たちの命である。言い換えれば、私たちはご先祖さま（両親）によって一度起こしていただいた存在である。だから一回目転べば次に起きるのは二回目。七回目転べば次に起きるのは八回目。「一度ご先祖さま（両親）に起こしていただいていることを忘れるなよ」これが、七転び七起きでなく、七転び八起きの本当の意味である。ところが、このご先祖さまへの感謝をつい忘れていることが多く、この罪は小さいものではあるまい。この罪に対して懺悔をしたり、命日の墓参りをしたり、年忌法要を営んだりするのである。

二つ目の罪は「殺生」の罪。ご先祖さまに起こしてもらった私たちの命は、私たちの命と全く同じお米さんの命や大根さんの命、お魚さんの命等々を奪い取らないと保っていけ

本山の管長さまを迎えての授戒会（平成23年5月）

ない。他の命を食事としていただく罪の大きさは、計り知れないものがある。このような罪を懺悔するのである。

かつて、二十日間ほど断食をしたことがある。断食も十日を過ぎると力がなくなって、立ち上がるにも何かにつかまって「ヨイショ」と言わねば立てなくなる。何かにつかまってでないと歩けない。二十日間の断食が終わって、いよいよ盃に一杯の重湯をいただいた。お米にすれば五～六粒の命であろう。いただいた後、しばらくして立とうとした時、何にもつかまらずに立つことができた。たった五～六粒のお米の中に、こんな大きなエネルギーの源（命）があったのか、おそれ多い感じがして、思わず「お米さんのお命さん、ありがとうございました」と礼拝した。
懺悔する理由がお分かりいただけたでしょうか。

日本一の年忌法要

（平成15年9月15日）

ある時、Sさんに、亡くなられたご主人の年忌法要を頼まれた。「お寺での上げ法事で」という電話の声に「もちろんお望みの通りで結構ですよ」と答え、日程を決めた。「いつでもいいですよ」と言いながら、「その日はだめ、その日は―?・」で結構、難産であった。一カ月くらい過ぎた頃「若い者が具合が悪くなった」ということで日程変更。またしばらくして「孫が―……」ということで再び変更。いちいち数えはできないほど（少なくとも五回は）変更されたと思う。このくらい変更されると、普通ならうんざりするのだが、この場合、妙にほほえましく、何とか都合をつけてあげたい一心で、笑顔で対応していた。それはこのSさんが、ご主人の実家の人や若い者夫婦だけでなく、内孫も外孫も全員連れて参ろうとしていることが痛いほど感じ取られたからである。

法事の当日は、五人の孫も連れて約束の三十分前には寺へ到着。位牌堂でお線香を五人に立てさせ、故人の追善菩提を祈って一字一石写経も全員にさせ、本尊さまの前で合掌。約束の時間に庫裡へ来られた。お茶をいただきながら、前日の夜、孫たちが全員泊まって大騒ぎした様子を詳しく話された。「おじいちゃんはどんな人だった?」とか「おじいちゃんが亡くなった時、お父さんは何歳だったの?」などなど。

いよいよ法事が始まると、全員が正座して般若心経と坐禅和讃を唱和。その声の大きなこと。その上手なこと。びっくりした。

「この子どもたちは、学校教育では得られない教育を受けている」としみじみ思い、この法事は日本一の年忌法要(法事)だと思った。生きとし生ける者、皆が仏さまの子。Sさんの家のような環境に置いてやれば、仏さまのように育つであろう。しかし、一般的にはなかなかそうはいかない。次の古歌にある通りである。

幼子《おさなご》の　次第次第に　知恵付きて　仏に遠く　なるぞ悲しき

こんな話がある。

三人の兄弟にケーキが二つしかなかった時、母親は障害を持つ真ん中の子に一つ全部をやり、他の二人には半分ずつやろうとした。しかし、真ん中の子は、目の前に置かれたケーキをじっと見ているだけで、決して食べようとしない。しばらくして母親はハッと気がつき、一つのケーキを半分に切って自分が食べかけた。すると、その子は喜んで食べた。一般に、ケーキの大小を見比べる知恵は誰にもある。しかし、この子は、他の二人が半分しか食べられないのに、自分だけまるまる一つ食べちゃいけないという智慧《ちえ》を持っていた。これこそ、真の智慧であり、皆が生まれながらにして授かっている「仏さまの智慧」である。仏さまの近くにいる子どもたちのこの「智慧」が、こざかしい人間の「知恵」にとって代わられることなく育ってほしいものだ。そのためにはどんな方法があるのかをはっきり示された年忌法要だった。

一隅を照らす

（平成18年2月28日）

約千二百年前に比叡山延暦寺を建立し、天台宗をお開きになった最澄の教えの中に「一隅を照らす。此《こ》れ則《すなわ》ち国宝なり」という言葉がある。本当は、とても含蓄のある言葉であるが、ここでは現代流に解釈してみよう。

「一隅」とは、建物の中の片隅。せいぜい十センチ四方の狭い場所。そんな狭い所しか明るくしないような、ほの暗い明かり、そのほの暗い灯火《ともしび》にも例えられる私たちのちょっとした行いが、世の中を明るくしていくというふうに解釈してみよう。

ほのかな光のような、しかし人々にとってはかけがえのない行為といった場合、私はすぐに、マザー・テレサを連想する。彼女は一九七九年にノーベル平和賞を受けるまで、全く無名の修道女であった。しかし、インドのカルカッタの貧しい人々にとっては、かけがえのない人である。

私もカルカッタの難民テント村を訪れたことがあるが、見渡す限り延々と続くテント村の一つひとつには、溢れんばかりに横たわっている人々。「息をしていらっしゃるだろうか」

カルカッタの難民テント村で（昭和50年12月）

と心配な程、身動きもせず。時たま手足がピクッと動くのをみて、生きておられるんだとちょっと安心。中の人々をよく見ると、ハンセン病にかかっておられる方がおられる。

マザー・テレサは、こういう恵まれない人たちの中に積極的に入って行った。一切れのパンも、一かけらの愛もなく、飢え、死んでいく人々。こういう恵まれない人たちの手を握り、体を支え、死んでいく人たちの口に耳をくっつけて、悩みを聞いてあげる。貧しさと心の飢えに苦しむ人々に、身を挺《てい》して愛を注ぎ込んであげるのである。

マザー・テレサの行いは、病院を建てた

り、政府に働きかけたりという目立ったことではない。うす暗い病院の片隅で、ひっそりと行われる地味な行いである。これこそ最澄の言う「一隅を照らす」であると思う。

　もう一つ例をあげてみよう。あるファミリーレストランのお昼過ぎ。六人の家族連れの方々がお茶タイム。コーヒーやケーキなど、それぞれが注文した品が順次届けられていたが、その中の一つが間違いであるとご老人が指摘。注文の控えの用紙を示しながら「このジュースを注文されましたけど……」と言うウェイトレスと段々険悪な雰囲気になってきた。その時、支配人らしき人がそのテーブルへやって来て「大変失礼しました。当方の不注意でご迷惑をおかけしました。ご注文の品をすぐお持ちしますので、しばらくお待ち下さいませ」と言って厨房の方へ。しばらくして先ほどのウェイトレスが注文の紅茶を持って来て「先程はとんだ間違いをしましてすみませんでした。どうぞごゆっくりお召し上がり下さい」と笑顔で一礼。「さすが……」と安堵し、感激。心が和んだ。

　穏やかな微笑でもって人に接する、優しい言葉をかける……。こういう行いが「一隅を照らす」の意味ではないだろうか。横断歩道で戸惑っているご老人を見かければ手を取って一緒に渡るとか、眼の不自由な方に出会えば優しく言葉をかけて案内してあげるとか、履き物が乱れていたら揃えるとか、こういう小さい一つひとつが「一隅を照らす灯火」だと思う。

一本一本の灯火は、薄暗いもの。しかし、皆さん一人ひとりがほのかな灯火を灯《とも》すならば、世の中全体を明るくすることができるのではないだろうか。一人ひとりの力は弱いものであるが、皆さんが力を合わせて少しでも心温まる行いをしていくならば、世の中を明るくできると考える。

私たちは平和な社会を作っていかねばならない。日本の社会を、心身ともに豊かな社会にしていかねばならない。そのためには、「一隅を照らす」という、他人に奉仕させていただく心構えが必要であろう。

本来の自己

（平成18年12月15日）

私の知人の、かれこれ二十年も前の話である。その知人をAさんとでもしよう。Aさんの夫が人間ドックに入ったら、末期癌《がん》と診断された。

寝ずの看病をするAさんに向けられた視線は冷たかった。「傍らにいて気づかないとは……」と言う親戚の人たち。まもなくAさんの夫は息を引き取った。悲しみのどん底にあったAさんには更に冷たい親戚の視線が容赦なく向けられた。彼女の顔が段々、無表情となっていった。心配になった私は、毎年行っている観音さまの札打《ふだう》ちに誘った。また、その三カ月後の本山参りにも誘った。これらを通してAさんの顔は少しずつ和らいできた。「誘っていただいたおかげで、観音さまの優しい心に触れさせていただいたような気がします」と語ったAさん。

Aさんは、悲しく苦しいどん底の状態から、どのようにして這い上がったのだろうか。多分Aさんは、「自分だけ夫に先立たれ、自分だけ責められ」「自分なんていない方がいいのだ」という孤独地獄に落ちたのだ。しかし、仏事に参加して、皆が様々な苦しみを背負っ

妙心寺への「本山参り」（令和元年６月）

ていることも分かり、「自分だけが……」という思いが徐々に和らげられたのであろう。「参道を歩いていて『こんにちは』と声をかけられ、こっちも自然に応える自分にびっくりした」とAさん。このような心境になると、触れ合うものすべてが観音さまのお慈悲だと思えるのである。Aさんは、観音さまの前で、あるいは本山の開山さまの前で、至心にお経を唱えるうちに、心の中に観音さまの心が次第に蘇ったのである。つまり、本来の自己に返ったのである。苦しみのあまり、自分の思いの中だけに浸って、自己を見失っていたことに気づき後悔したことであろう。

このことは、決して他人事ではない。誰が、いつ、どこで、どんなことに出くわすか分からない。病に臥すかもしれない。子や孫に先立たれるかもしれない。倒産の憂き目に遭うかもしれない。これらの時にどうしても、我が思いに執着《しゅうじゃく》してしまいがちである。「どうして自分だけが……」「自分なんて何の役にも立たない」などと……。こんな時には身体《からだ》と心を調えて、「本来の自己」に立ち返るしか自己を救う道はない。こういうことに気づかせてくれるのが仏事である。なぜ札打ちをするの？　本山に参って何になるの？　その答えは札打ちや本山参りが身体と心を調えるチャンスとなり、本来の自己に気づかせてくれるきっかけとなるからである。知りもしない先祖の法事をなぜしなければならないの？。

答えは同じである。

仏法に親しく遇《あ》うことは

（平成19年9月10日）

去る四月の初め頃の朝、車で出かけた折、微笑ましい光景に出合った。黄色のランドセルを背にした、小学校へ入学したての一年生君のかわいいこと。その彼が、道路沿いのお地蔵さんに合掌して礼拝していたのである。この頃ではめったに見ない光景なので、このことが一日中脳裏を離れず、この子が家でどんな教育を受けているのか、いろいろ想像してみた。

毎日の生活の中で、「朝起きたら仏さまに手を合わすんだよ」とか、「ご飯の時は『いただきます』『ごちそうさま』を忘れないようにね」「もらい物は仏さまにお供えしてからだよ」などと教えられているのだろう。また、私たち人間は、目には見えない大きなおおきな力によって生かされていることなども、何らかの指導がなされているであろう。例えば、今では死語に近い「天に目あり、壁に耳あり」とか「仏さまが見てござる」などの言葉が今でも生きているのかもしれないと思われる。要するに、この子の家は「仏さまを信じ、仏さまに感謝する生活」をおじいちゃんたちが実践し、それをご両親が受け継ぎ、その後ろ姿を見て、子どもたちが育ってきたのであろう。

このような微笑ましい話があるかと思えば、全く逆の話もある。外国の人を迎える歓迎パーティーの席で、私の知人が宗教について、多少しつこさを感じる程いろいろ質問してきた。最後に外国の人が「それであなたの宗教は?」と問い返した。知人は当惑の表情であったが、しばらくして出てきた答えは、何と「無宗教」であった。彼の家には仏壇もあるし、「仏教徒です」と言って欲しかったなー、とつくづく布教不足を反省した。彼の家には「仏さまを信じ、仏さまに感謝する生活」が無くなっているのが残念でならない。

よく質問される。「なぜお寺の行事に毎年何回も出なくちゃならんのですか」とか、「本山参りをしてどんなご利益がありますか」「来年の法事も今年一緒にしていいでしょう」「授戒?それ何のことですか、しなきゃならないことですか」などなど。

答えは簡単。これらのことを「これも何かのご縁」ととらえて積極的に行えば、仏さまに手を合わせるような子が育つであろう。「仏さまに近づく環境」であるからだ。逆に、消極的であればあるほど、「無宗教」と答えるしかないような人になるであろう。「仏さまから離れていく環境」であるからだ。この点を『菩提和讃』というお経の中では、次のように説かれている。

大龍寺寺報「志乃々め」より

それ人間《にんげん》の身《み》を受《う》けて　この世《よ》に生《う》まれ来《く》ることは
爪《つめ》の上端《うわば》に置《お》ける土《つち》　まして尊《とうと》き仏法《ぶっぽう》の
教《おし》えに親《した》しく遇《あ》うことは　まこと得《え》がたき縁《えにし》なり
かかる時節《じせつ》を失《うしな》わず　信心決定《しんじんけつじょう》いたすべし

インド仏跡巡拝

（平成20年2月20日）

念願の天竺参りの機を得たり僧我仏のみ弟子なりける

経をよみ礼拝の後坐禅組む今日の幸せ釈迦成道の地で

昨年の師走、お釈迦さまの後《あと》を慕って巡拝の旅をする機会に恵まれた。「現代禅研究会」の牽引《けんいん》役・松原哲明師の呼びかけで集まった面々を見ると、三十代から四十代がほとんど。ついて行けるかどうか、かなりの不安を抱きながらも、八大聖地で経を読んで坐禅をするという目的の巡礼の旅はめったにないので、仲間に入れていただくことにした。もちろん、最も気を遣ったのは体調の保持。①睡眠を十分に②腹六分③アルコールをセーブする。この三つを守ったおかげで、私が一番元気だと多くの人が言ってくれた。

今からおよそ二千五百年前、お釈迦さまがされた説法を、お経という形式で読んでいるのだという実感が改めて湧いて来て、目頭が熱くなるのを禁じえなかった。たまたま韓国の観光客に出会った。彼らは、塔に向かって礼拝していた。額が地面につくまで丁寧に。これを見ながら『六方礼経《ろっぽうらいきょう》』という短いお経を思い出した。その内容は次の通りである。

ある日の早朝、お釈迦さまが托鉢に出ると、ある家で一人の若者が顔を洗っているのが目に入った。その若者は顔を洗った後、東の方を向いて拝み、南の方を向いて拝む。次に西を向いて拝み北を向いて拝む。更に上を向いて拝み下を向いて拝んだ。お釈迦さまは側に近づいて若者に尋ねた。


「お前は毎朝そうして拝むのか」

「はい、毎朝こうして拝みます」

「東は誰を拝むんだ?」

「分かりません」

「南は誰を拝むんだ?」

「分かりません」

「西は誰を、北上下はどなたを拝むんだ?」

「分かりません。親から聞いた通りにしています」

「そうか、それは残念。意味を知らないではつまらない。私がその意味を教えてあげよう。

東を向いて拝む時は、自分を生んで育ててくれた両親のご恩を思って『ありがとうございます』と拝みなさい。

西を向いて拝む時は、妻（夫）や子の恩を思って『ありがとう』と感謝するがよい。

南を向いて拝む時は、学校の先生や習い事の先生など、教えてくれたすべての先生に感謝しなさい。北を向いて拝む時は、幼い頃からの友だちや、職場や近所の友だちのご恩を思って感謝しなさい。

上を向いて拝む時は、神・仏の正しい道や倫理・道徳の正しい方向を教えてくれた人たちに感謝しなさい。

下を向いて拝む時は、目立たないけど汗水たらして働いてい

インドの霊鷲山にて（平成19年12月）

る人たちに『ご苦労さまです』と感謝しなさい」

これが六方礼経のあらすじである。インドの仏跡で坐禅をしながら、お釈迦さまの教えは徹底した人間尊重の教えだと改めて感じた。

釈尊の初転法輪の丘に立ち見上ぐるストーパ輝きて見ゆ

大龍寺裏山を遍照山《へんじょうさん》と命名

（平成20年6月16日）

子どもの頃、毎日のように遊んでいた大龍寺の裏山が、里山として復活するよう願って、七人の男性によるボランティア作業が始まった。平成十九年十一月二十三日の安全祈願祭以来、毎日二〜四人が入れ替わり立ち替わり、献身的に作業をした結果、半年もたたないうちに、

①視野が開け、見えなかった景色が見えてくるようになった。

②明るくなったため、それまで目に入らなかった珍しい木の存在に気づいた。

③腐葉土となった木の葉を取り除くと、今まで見えなかった植物の宝庫があることがわかった。

④昔咲いていた笹ユリを復活させてみたくなった。

⑤山の空気がきれいで美味しいことに気がついた。

要するに「今まで見えていなかったものが、見えるようになった」ということである。

これを仏教的に解釈すると、このボランテイア活動は「迷いの世界」から「悟りの世界」

へ至る修行だと考えればよい。このボランテイア作業中、Y氏がチェーンソーで椎の木を切り倒す時のことである。大木を上手に切り倒すには、付近の木々を伐採せねばならぬ。だがその中にはどうしても生かしたい木もある。大変な苦心をしてY氏の執念が実った。まわりの者曰《いわ》く「この木はY氏に助けられた木だ」と。何とその木には一カ月後、近年誰も見たことのないきれいな山桜が咲いたのである。

Y氏が山桜の木を助けた日の前の夜、夢を見た。大龍寺の六地蔵さんがそろっておっしゃる。「一切《いっさい》衆生《しゅじょう》悉有《しつう》仏性《ぶっしょう》、山川《さんせん》草木《そうもく》悉皆《しっかい》成仏《じょうぶつ》」と。「大龍寺の裏山にもあまたの仏さまがいらっしゃるのだ。たまたま今はジャングルのように木々に覆われていて感じ取れないだけだ」と。お告げがY氏に無意識のうちに伝わったのであろうか。

翌朝、目が覚めるや、六地蔵さんにお参りした。しばらくお地蔵さんとお話しした。「この世の生きとし生けるものはすべて仏さまである。それは、自分と山、自分と桜の木という相対するものがそのまま二つでなく、自分と山、自分と桜の木が一つになった不二の世界である」と。そして、お話の最後に次のようにお誓い申し上げた。

「衆生が六道（地獄、餓鬼、畜生、修羅、人、天）のどこで迷っていても話をよく聞いて救って下さるのがお地蔵さん。私も悩める人の悩みに耳を傾け、お地蔵さんに縁がありますよ

裏山の復活作業をした皆さんと家族、近所の人たちと記念撮影（平成 20 年 6 月）

うお導きをいたします。そのためにも、山の頂上にお地蔵さんをお祀りしたいと思います。地蔵尊のことを遍照尊とも言います。大龍寺の裏山が、仏さまの光に照らされていることに因んで、今後『遍照《へんじょう》山《さん》』と呼ぶことにします」と。

自分の生き様

（平成23年8月10日）

昔、〝三カク長者〟と呼ばれる人がいた。恥をかいてでも、義理を欠いてでも欲をかいて、一代で大変な財産を作った。「恥掻く、義理欠く、欲かく」というので「三カク長者」と呼ばれるようになった。その三カク長者が、年老いてくるにつれて気づいてくるものがあった。

「三カク長者という名前をもらってまで築き上げた財産も、いざという時には何一つ持って行けず、皆置いて行かねばならぬ。その上、何の役にも立たぬ。愛や命は金では買えぬ」。こんなことにようやく気づいた三カク長者は、息子に次のように懇願した。

「私が死んだら棺の両脇に穴をあけて、その穴から手を出してくれ」と。

三カク長者は、「これほど財産を作っても、行く時は空手だよ。何も持って行けないよ。欲をかくような、こんな生き方はやめたがいいよ」ということを、後《のち》の人に言いたかったのであろう。

彼が亡くなった時、息子は懇願された通りに、棺の両側に穴をあけて手を出した。億万長者の葬式だからさぞかしすごいであろうと、村の人誰もが沿道で待っていた。棺がやって来た。手が出ていた。人々は何と言ったか。

「あれほどかき集めてもまだ足りなくて、もっと欲しい、もっと欲しいと手を出しているよ」。このようにしか見てもらえなかったという話である。

私たちが早く気づかねばならぬこと。それは、「ものは持って行けない。持って行かねばならぬものはただ一つ。業《ごう》と呼ばれるものである。どんな生き様をしたか、これを宗教の世界で業と呼んでいる。業だけは背負っていかねばならぬもの」。

三カク長者が「行く時は空手だよ。かけがえのない命を、財産を築くことだけに費やしてしまった。残念だ。こんな生き様はしないでくれよ」と言いたくても、皆はそうは思ってくれない。まだ足りなくてもっと欲しがっているとしか見てもらえなかったというのだ。私たちも考えねばならぬことである。まごまごしていると、私たちの幸せの中身も、この三カク長者の延長のものを欲しがっていやしないかと。

それでは、どんな生き様であればよいのであろうか。能の家元さんを例にしよう。

幕が上がって舞台に一歩出てから、舞い終わって舞台を下り幕が閉まる。この一舞台の能を家元さん自身の人生だと考えればよい。一つの能は、ここだけしっかり舞えばよい、あとはどうでもよいなんてことはないはずである。幕が上がって一歩出る時から下がるまで、どの一足も、どの一手も、精一杯に舞わなかったら、一曲の能を見事に舞い上げたとは言えない。

日常生活の中でも同じである。仕事をしている時はもちろん、料理や掃除、洗濯などの家事をしている場面、お姑さんとの会話、子どもと遊んだり、叱ったりする時、どれも精一杯努めさせてもらう。こういう生き様を「禅」と言う。禅とは特別なものではない。一つひとつを大事に努めていく。水を大事に扱う。スリッパをきちんと揃えて脱ぐなど、どれもこれも仏道のど真ん中の一つひとつ。能舞台のど真ん中での一手一足を精一杯大事に努めていくよりしようがない。その生き様を「禅」と言うのである。

自分の生き様について今一度考えてみたいものである。

一〇四歳の伯母

（平成24年8月7日）


大龍寺から斐川の西光院へ嫁いだ伯母（祖父・浄薩和尚の長女・金森貞枝さん）が、去る六月、満年齢一〇四歳で黄泉《よみ》の国へ旅立った。

その日も朝、昼、夜の三食をいただき、夕食後三十分くらいの出来事らしい。死亡診断書に「老衰」とあるように、枯れ木のごとく逝ってしまった。

伯母は決して身体が強い人ではなかった。若い頃は病弱で、西光院へ嫁ぐ時の荷物の中には、薬が山ほどあったという話を何回となく聞いている。

亡くなる約二カ月前のことである。突然、妹（峯寺・松浦秀子さん）と一緒に実家《さと》（大龍寺）の桜が見たいと言い出した。

「四月十五日（峯寺の火祭りの日）以後ならいつでもいいよ。十五日までは、準備もあるので都合がつかない」との妹の返事。十五日を過ぎれば桜も散っているだろうし、大変に残念がっていた。こういう話を耳にした家内も私も何となく落ち着かない。

「急だけど、明日来てもらおう。明日なら都合もつけられるし、桜も満開だ。明後日になると散ってしまいそうだから」
早速電話でご招待の案内をした。ご本人の体調をみて、行くかどうかは、明日になってから判断しようということになった。幸いにしてというのか、縁あってというのか花見は見事に実現し、伯母も満足しきっていた。

大龍寺の桜を見に来た時の伯母（平成 24 年 4 月）

本堂の屋根替えを記念して昭和五十七年に植えた三十本が今年は特別に抜群の開花で、桜の木の山が綿帽子をかぶっているような感じがした。この二カ月後には逝ってしまわれるなど夢にも思わなかったが、もしもこの時、花見に呼んであげていなかったらどんなにか後悔したことであろう。

一〇四歳の伯母から学んだことは数えきれない。そのごく一部を書き出しても、「常に有難うの人」「整理整頓の人」「九十の手習いであっても、その一瞬一瞬が真剣そのものである人」。詩吟、書道、盆栽、松の芽摘み、薬草茶作り等々における真剣な眼差しはとても真似ができるものではない。これだけ趣味が多彩であると、机のまわりが乱雑になるものだが、伯母の机だけは例外であった。いつ我々が訪ねても、整理整頓がなされている。どうも正月が来ると「整理整頓」と新しく墨で書き今年の目標も書いて、枕元に貼っていたようである。例えば、「清潔」とか「健康」など。

短歌をどの時期まで詠んでいたか定かではないが、亡くなる年の正月明けに詠んだものが最も新しい。数首選んで掲載させていただく。

限りある命なりけりいま少し元気でありたし百四の春

百歳を過ぎて歩ける足のあり佛の慈悲と思うこの頃

年老いて労わり受くる身にあれば心素直に今日もありたし

生かされて今日ある命思いつつ亡夫の残せし松に水やる

第二章　教えの庭から

※本章は、山陰中央新報紙面に連載している山陰地方の各宗教家による「教えの庭から」のうち、本書著者が担当した平成27年1月から平成30年12月までの31回分をまとめたものです。本文各題名の下のカッコ内の日付は新聞掲載日です。

福は内　鬼も内

（平成27年1月19日付）

「節分荒れ」とはよく言ったもので、例年この時季は荒れる日が多いように思う。節分の日の行事として全国的にも多いのは「豆まき」であろう。地方によってやり方に違いがあるようだが、我が家では次のようなやり方でやっている。「福さん！こちらへおいでや！」という気持ちで「福は内、福は内」と、小声で言いながら部屋の中へ豆をまく。そして次は、窓の外へ向かって思いっきり大きな声で「鬼はー外、鬼はー外、鬼はー外」と、鬼を追い払うような気持ちで勢いよく豆をまく。すべての部屋をこうして豆まきしながらいつも思う。「追い払われた鬼は行き場を失って、この寒い夜、かわいそうに」と。だから近年は「鬼も内」と言って豆をまくことのできる部屋を一部屋だけ作っている。（たいてい私の部屋であるが……）

さて、この考え方は実は、四苦（生・老・病・死）を背負っている我々にとって大切な考え方なのである。例えば病の苦しみ。生きている限り逃れることのできない病に、どう対処するのか。治る病は医者に任せればよいが、問題は治らぬ病。年齢には無関係に、多くの人が重い病を持っている。五臓の病もあれば、足腰の病、心の病などなど多種である。これらの病を敵（鬼）とみるか、それとも福（お友だち）とみるか。とらえ方によって人生が大きく変わってくるような気がする。

「高血圧さん、あなたは寒いのが一番つらいんですよね。コートを着て守ってあげますからね」

「高血圧さん、今日の弁当、塩が辛くてごめんね。あなたは甘口だったのにね」

「高血圧さん、毎日毎日、暴飲暴食で血管に脂肪がたまる一方でごめんね。これからは気を付けるからね」

こんな調子で高血圧さんの居場所を自分の体（心）の中に作ってあげて、友だちの付き合いをすれば、高血圧という病の苦しみから多少とも逃れることができるのではないだろうか。

約三十年前に二十日間の断食をしたことがある。二週間くらい経った頃、何も食べていないのに、突然、洗面器に山盛りくらいの排便があった（いわゆる宿便と言われるもの）。血管などに付着している物が全部便となって出たのである。びっくりした。体の中にこんなに要らざる物が蓄積していたとは。思わず「胃腸さん、ごめんね。こんなに暴飲暴食して、一日も休ませてあげず、迷惑をかけていたんだね」とささやいたことがある。

昔は、腹が痛くなると絶食するか、またはお粥と梅干し。そこには「臓器を少し休ませてあげよう」といういたわりの考え方があった。現代は、痛み止めの薬を飲んででも食べようとする。決して臓器を休ませてあげようという発想は感じられない。

節分の時に言う「福」とは一体何か。「鬼」とは一体何か。よく考えてみたいものである。

日日是好日

（平成27年3月9日付）

日日是好日。「にちにちこれこうにち」と読む。坐禅《ざぜん》によって禅僧を育てる修行道場（僧堂とも言う）では、七月十五日のことを「自恣《じし》の日」と言って、この日は修行僧が一人ずつ、今までの自分の修行に対する心構えを反省する日である。自分の心の弱さをしっかりと見つめ直し、自分の修行態度や修行の成果を自己反省する日である。自分の至らなかった点を全て告白、懺悔《ざんげ》して、さらにもっともっと修行を続けさせていただくべく、その決意の程を表明する日でもある。

この自恣の日の七月十五日に、雲門という大和尚が弟子の修行僧に向かって「十五日已前《いぜん》は汝《なんじ》に問わず、十五日已後《いご》一句を道《い》い将《も》ち来たれ」。今まで一生懸命修行して自己反省もしたであろうから、今日（七月十五日）までのことはもう問うまい。今日（十五日）以後、お前たちは一体どういうつもりで生活しようと思っているのか。一言で言ってみなさい、と質問するのである。

在家の皆さん方に置き換えて言うなら、例えば中学校の卒業式の日。中学校までは義務教育だから、多少の失策があっても退学にもならず許されもした。親はもちろんのこと、先生も隣近所の人々も親切に我が子のように注意もしてくれた。今までは問うまい。あらためてこの卒業式以後、一体どういう心がけで生活していくのか。今どういう心境にいるのか。それを言うてみい。……中学校の卒業式だけでなく、成人式でも結婚式でも厄年においても還暦の祝い等々、同じようなことが言えるだろう。

ところで、この雲門大和尚の質問に誰一人として答える者がいなかったので、和尚が自ら答えを出されたのがこの「日日是好日（毎日毎日が実に素晴らしい日だ）」である。

人間誰もが、うれしい日もあれば、うれしくない日もある。楽しい日もあれば、腹立たしい日もある。それを百も承知で「日日是好日」と言われたのである。

うれしい日、楽しい日はいつまでも続いてくれたらよいが、いずれは必ず過ぎ去っていくように、美しい花はいつまでもというわけにはいかず、いずれは惜しまれながら散っていく。惜しまれながらも散っていくから、なお美しい。雑草はどうか。庭には不要、畑にも不要、どこにも要らぬ雑草も、いくら嫌がられても次から次へと生えてくるからたくましく、そこに美しいものと同じような生命の尊厳を感じる。こういうものの見方、感じ方ができるようになると、悪い日であっても、雨や雪の日であっても、毎日が素晴らしい日であると受け取れる心情が開けていくのでは……。

うれしかったある一日に執着してそれにとらわれ、それと比較するから、面白くない日として不平不満（対立の世界）が出てくるのである。対立の世界を離れれば、雑草の中にも生命の尊厳を見、良い日悪い日のない心境も生まれてくるのであろう。

親から子へ　子から孫へ

（平成27年4月27日付）

「孫は目の中へ入れても痛くないほど可愛《かわい》いものだ」と、子どもの頃よりよく耳にしていた。随分大げさな言い方だなと思っていた。ところが、内孫四人、外孫三人に恵まれてみて初めて「本当にそうだ」と実感するようになった。笑い顔でも泣いている顔でも、とにかく可愛い。大事な服によだれを垂らされても、腹が立たない。心身ともに疲れ切って仕事から帰ってきても、孫の顔を見るだけで元気回復。こんなによく効く薬は、いくら金を出しても手に入るはずがなく、「授かりもの」とは分かりやすい表現をしたものである。

ところで、ある日、お寺の近所のおばあちゃんが四歳の孫娘と六歳の孫息子を連れてお参りになった。びっくりしたことがたくさんあったので、その一部を列挙すると次の通りである。

①下足が二人とも揃《そろ》えてあった

②「こんにちは」と大きな声で元気よく挨拶《あいさつ》ができた

③般若心経が上手に読誦《どくじゅ》できた

これら①〜③の三つのことは、一晩や二晩、練習したからといって、できるようになるものではない。また、③のことから、このご家族の生活の中には「お経を読誦して手を合わせ、感謝する」という習慣が生きているのであろうと想像された。このような習慣は、祖父母から両親へ、両親から子へ、子から孫へと、脈々と伝わってきたものである。尊い尊い命の流れである。

そこで、筆者からの提言がある。それは、数ある仏事の中から自分が続けることができそうなものを次の具体例の中から選んで実行してみていただきたい。

・毎朝（または毎晩）仏さまにお茶かご飯を供える

・他からの頂き物は先《ま》ず仏さまに供える

・「ありがとう」「すみません」「どうぞ」をはっきりと言う

・お経を読誦する

もう十年くらい前のお盆の日、中学生くらいの男の子が一人で本堂へお参りに来て、何の戸惑いもなく本尊さまに手を合わせて拝んでいた。聞けば、「家の人が忙しくて代わりにお参りしました」とのこと。先日、そのお母さんがお参りされた時、その昔話をしたら、「その子はもう二十五になりました。たまに家に帰った時は、『先ず仏さまに挨拶だよ』と言うと、仏壇に手を合わせてます」と話された。

四月になり可愛い一年生が加わった登校児童の列が、お地蔵さんの前でぴょこんとお辞儀をして通り過ぎるのを見かけると、この子たちのお父さんお母さん、また、おじいちゃんおばあちゃんの日々の姿が偲ばれる思いである。

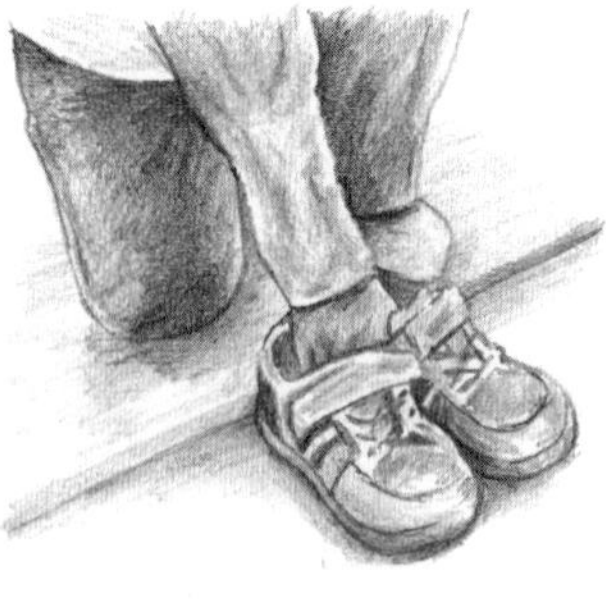

和《わ》顔《げん》愛《あい》語《ご》

（平成27年6月16日付）

古くからの友人に、オーストラリアの英語教師、ジム・ケーブルさんという人がいる。英語指導助手として松江商業高校に赴任した時、私の妻が同僚として一緒に勤務したご縁で、我が家へも何回か奥さんと共に泊まりに来られたことがある。日本のことなら何にでも興味津々。話をしていてもすぐに、「それはどういうことですか?」と質問して手帳に書き留めるというような人であった。

勤務の契約期間が終わり、松江を去られてからも、時には連絡して、時には連絡もなく不意に、訪ねて来られることがあった。あるゴールデンウイーク中に、これはもう十四、五年も前のことになるが、二泊三日で遊びに来られた時のこと。のんびりした日程であったので、夕方の一時間ばかり、ケーブルさんと奥さんにお手伝いをお願いした。庭のツツジが咲き終わり、枯れた花が木にくっついて汚くなっているのを、取り除く仕事である。一つ一つ手で取り除くのは結構面倒な仕事であるが、お二人は生き生きとその仕事に没頭した。「面倒な仕事で大変だ」というような様子は全く見られず、むしろ楽しんでいるように見受けられた。

「ほら、ずいぶんきれいになったでしょう」

「全体が明るくなって心が洗われるようだね」

我が家にてジム・ケーブルさん夫妻（右の2人）と（平成4年4月）

「花にいろいろなことを教えられているみたい」

ケーブルさんの口からは、私を感動させるような言葉が次々と出てきた。奥さんの方からも、

「お花とお話しするの大好き。お花が私を明るくしてくれる」

お二人の言葉は、聞いた人の心を明るくし、喜ばせるものであった。これが和顔愛語の中の「愛語」である。

「愛語」と同様に、人を喜ばせ幸せな気持ちにさせるものに、にこやかな笑顔がある。

たまに店で買い物をしてレジに並ぶ。自分の順番を待ちながら見ていると、全然お客の顔を見ない店員さんがいる。カチャカチャとレジを打ち、その数字と商品とお金しか見ていないから、その顔には何の表情もないのは当然である。口では「いらっしゃいませ」「ありがとうございました」とは言ってくれるものの、感情がこもっているようには聞こえない。並んでいるお客さんのために、次々とレジの仕事をこなしていかねばならないのだから、こうなるのは当然と言えば当然かもしれない。

しかし、いつもにこやかにレジを打ってくれる店員さんもいるのである。ベテランさんで余裕があるからできることなのだろうか。お店に限ったことではない。どんな場面であれ、にこやかな笑顔で応対してもらうと、幸せな気持ちになるものだ。これが「和顔」である。

お釈迦さまの教えの中で、幸せになる方法として六波羅蜜ということが説かれているが、その一つが「布施行」である。お金の布施ではなく、にこやかな笑顔（和顔）、明るく優しい言葉（愛語）は、誰にでも、どこでもできる立派な布施行と言えるだろう。

お盆に寄せて

（平成27年8月3日付）

今年もお盆の季節がやってきた。寺生まれの私にとっては、この時季に檀家一軒一軒をお経を読んで回る棚経《たなぎょう》という行《ぎょう》が待ち構えているので、子どもの頃はそんなに楽しい行事とはいえなかった。四歳の頃、祖父に連れられて初めて檀家を棚経に回った時は、足が痛くて……。

それでも、この後で冷たいジュースか果物が出てきそうなので、頑張ることができた。十歳くらいになったら、一人で回るように言われ、それも急に言われたものだからびっくり仰天、あわててしまった。それまでは祖父の横でお辞儀をすればよかったのだが、よその家の玄関に入ったらどうするんだったっけ、挨拶《あいさつ》はどう言うんだったっけ、などなど、自分一人で判断しなくてはならないので、かなり面食らった記憶がある。

やれやれ、今日のノルマがやっと終わったとホッとしながらの帰り道、牛を連れて出てきた老人が小僧の私をかまうのである。「小僧や、小僧や、イモ餅食うか、食うこた食うけど和尚さんの前ではつかして（恥ずかしくて）食えん」と囃《はや》し立てながら、牛を私の方へ向けたりして怖がらせるのである。

近所の子どもたちからも、この次元のかまわれかたをずいぶんされたような気がする。しかし、棚経に出るのがいやでたまらないほどの苦行であったかというと、そうでもなかった。やはり、読経後にジュースなどが振る舞われるので、それを楽しみにしていたのであろう。

棚経に関して一つだけ不可解だったことがある。それは、棚経にお参りした御当家が留守であった時の対処法が、私にとっては三十代になるまで釈然としなかったのである。つまり、御当家が留守であっても、庭からその家の客間へ向かってお経を読めという指示を受けていたことである。

檀家への配布物を配る時には、一軒も落としちゃならんと、耳にたこができるほどやかましく言っておきながら、一番大事だと思われる棚経のお経の時は、御当家の不在であってもよいとは何事だという疑問である。

現在の私の理解を披露しておこう。細かい違いは多少あるとしても、お盆の十三日には仏教徒であればお仏壇に供え物をして、仏さまのお帰りを待つ（迎え火をたいて待つ場合もある)。これが一番普通の迎え方であろう。この辺りでは、仏壇から床の間にお位牌《いはい》を出して飾りつけをし、もう少し丁寧にお迎えされるお宅も多い。もっと前には、客間の縁先に棚を組み、供え物を供えて、仏さまを待ったものである。

このことを知った時、子どもの時以来疑問に思っていたことが少し分かったような気がする。お留守ではあっても、一番良い客間の縁先にお参りしてねんごろにお経を読むわけだから、家へ上がって読経するのと同じことと考えてもよいであろう。

私の息子たちにも同じ指示を出していたが、小学生の孫たちは、庭先で一人お経を読むなどという経験はしていないはずである。息子が新住職になってからは、檀家さんと打ち合わせて日時を決めてから回るようにしたので、お留守だったということはほとんどないからである。

8歳の頃の筆者。右は祖父

子どもの命を守る

（平成27年9月21日付）

最近、小中学生を巻き込んだ事件の報道がやたらと多い。命を奪われるケースも増えている。失われた命を思うと胸が痛む。

これらの報道に触れる度に感じることであるが、「保護者はどういう姿勢で子どもに対しているのであろうか」という疑問である。

保護者は子どもが夜遅く外出することをなぜ止めなかったのだろうか。遅い時間まで保護者が不在ということもあったかもしれない。生活を守るために仕事に出るのであれば、自分のいない時間帯に、家でどのように過ごすのかを話し合って決めていたのだろうか。

例えば、夕食のことや、就寝時間のこと、夜は友だちと遊びに出たりしないこと等々。しかし、こういったことは、保護者が在宅の場合でも、不在の場合でも同じことである。各家庭の生活のルールを守らせて、子どもの安全に配慮することとは保護者の責任だと言えよう。

だが、そうやって、保護者に「子どものしつけをちゃんとやりなさい」と言うだけですむのか。社会、世間、つまり周りの大人たちの責任もあるのではなかろうか。例えば、親の不在やふれあいの少なさから、ぬくもりを求めて夜の町へ出て行く子どもたちを止めるのに、世間の大人たちの力が役に立つはずだと思う。

昔は、夜は寝るものだった。家々も町もみんな眠りについて、静かに夜がふけていった。何かの用で夜道を歩く時は、ところどころに街灯があるだけで、なんだかもの寂しく、自然と速足になったものである。夜の町にはほとんど誰も用がなかったのである。

しかし、今や時代は変わり、夜になれば空は暗くなるものの、人々が寝る時間はずいぶん遅くなった。車は走っているし、店は遅くまで、あるいは一晩中開いている。遊ぶところもある。大人だけでなく、子どもだって夜の町に居場所を見つけるのは簡単だ。そこに居合わせた大人が注意してやることができるのではなかろうか。

現代の風潮として、他人のことはかまわない、口を出さないといった傾向がある。必ずしも、「自分さえよければ他人はどうなろうと……」といった利己主義からばかりではないにしても、個人の自由が尊重されて、他人のことに口出しするのはどうもやりにくい、という感じである。他人の子どもに注意をすることは、昔のおせっかいおばさん（貴重な存在だった）や、怖いおじさん（これまた、効き目抜群だった）ならぬ身には難しいかもしれない。しかし、いけないことはいけない、と子どもに教えることができる大人にならなくてはなるまい。自分の子どもにしても親や家族だけで守れるものではない。たくさんの人に守られ、育てられている。夜の町のことだけではなく、子どもが直面するいろいろな場面について言えることだと思う。

誰が子どもの命を守り育てていくのか、答えはおのずからあきらかであろう。

七転び八起き

（平成27年11月10日付）

「時間の経つのが極端に早くなった」と憂える人がこの時季（年末から年度末にかけて）になると多くなる。誰もが経験することであって、年を取るにつれてそういう感覚が強くなるようだ。「明けましておめでとう」を言ってから、時計の針が早回りをしたのか、気がつくとあとひと月もすれば又その挨拶言葉を口にするのだ。

正月の挨拶の後は、「成人おめでとう」や「進学おめでとう」「就職おめでとう」へと続いていくわけだが、大人の仲間入りをする際の「成人おめでとう」は少し心して受けとめねばならないだろう。「おめでとう」とは言いつつも、その言葉の中には厳しさも含まれている。

「もうお前さんも大人になって、親元を離れて自分の力で生きていかねばならぬ。成功したことは自分の努力のたまものであり、それなりに評価されるが、失敗も自分の失敗として突きつけられることになる。自分は知らなかったから、という言い訳も通らない年齢になった。失敗したからといって、親といえども助けてはくれない。全部、自分で解決しなければならない。七回でも八回でも転んだら自分で起き上がらねばならないのだよ」

七転び八起き（なところびやおき）という言葉がある。転んでも転んでもくじけずに起き上がることを言うのだが、なぜ、七転び七起きではないのだろう。七回転べば七回起きればよいのではないか。八起きという、一回分多いこの八回目はどういうことか。私は次のように考えている。

私たちは、老若男女を問わず誰もが一度は親に起こしてもらっている。この世に生まれた時は、起き上がることはおろか、寝返りさえ自分ではできない状態である。親に抱いてもらって姿勢を起こす、手を取ってもらって立ちあがる、これが親に起こしてもらった一回目ということなのである。

だから、次に転んで起きたのは二回目ということになる。つまり、自分が転んで自分で起きた回数のほかに、親から起こしてもらったのを合わせて一回分多くなるわけである。

さらにまた、一回分多いことについては、こうも考えられるのではないだろうか。親から起こしてもらっただけではなく、私たちはどれほど多くの人に助けて（起こして）もらってきたことだろう。人生においてお世話になった人の顔を思い浮かべてみると、親、家族、親せき、先生、友だち、近所の人、数えきれないほどである。

また、旅先、出張先で見ず知らずの人に助けられたこともあったかもしれない。あるいは人生の岐路に立った時、私たちの心をある方向に向けてくれた、目に見えない力もあるだろう。そういう、さまざまな人や力に私たちは起こしてもらっていると考えてもよいと思う。

転んでも転んでも自分の力で起き上がろうと、誰もが頑張るのだが、すべて自分の努力だけで起き上がったわけではない。七転び八起きの一回多い分は自分以外の誰かに起こしてもらったのだということを忘れないようにしたい。

こころの色めがね

（平成27年12月28日付）

中国の唐の時代に「柳は緑、花は紅《くれない》」という詩の一節がある。「柳は緑に決まっているじゃないか、花の色は紅であると詠んで、これが詩とは大げさなことだ」と思われる方もあるだろう。

でも、柳が緑に見え、赤い花が紅に見えてくれれば幸せなのだ。なぜなら、曇りのない目で見ているということなのだから。色めがねをかけていれば、青にでも黒にでも見えるだろう。

色めがねをかけて物事を眺めれば、正しい認識ができなくなるのは当然であるが、なお始末の悪いことには、自らその色めがねをかけていることに気づかず、他人から指摘されてもそれをはずそうとしないことである。

色めがねの中で最も気がつきにくく、厄介なものは「身びいき」ではないだろうか。

生まれたばかりの赤ちゃんが新生児室のベッドに並んですやすやと眠ってい

る。どの子もかわいいが、群を抜いて色白でかわいくて目を惹《ひ》くのは、何と言っても我が子であろう。「うちの子が一番かわいいね」と、どの親も思っている。ほかのどの子よりもうちの子がかわいい、これは普遍的な親心であるが、身びいきの最たるものであるともいえる。

実は、この色めがねのことは般若心経《はんにゃしんぎょう》というお経の中に見られるのである。「心無罣礙無罣礙故《しんむけいげむけいげこ》、無有恐怖《むうくふ》、遠離一切顛倒夢想《おんりいっさいてんどうむそう》、究竟涅槃《くぎょうねはん》」心に罣礙なし、罣礙なきが故に、恐怖あることなく、一切の顛倒夢想を遠離し、涅槃を究竟す。

布施《ふせ》の行《ぎょう》などを行うが故に心に罣礙（色めがね）がなくなる。罣礙（色めがね）がなくなる故に、家庭内においても世の中においても恐怖、疑心暗鬼がなくなり、互いに腹の中を探り合うような顛倒した（逆さまになった）夢想（苦しみ）から遠離（解放）されて、涅槃（家庭にあっては幸せな生活）が究竟される（得られる）。罣礙を色めがねと表現したが、本来の意味は曇りということで、目に曇りがあると物事があるがままには見えなくなるのである。

学校に通うようになった我が子が喧嘩《けんか》して帰ってきた時、話をよく聞いて、「それはお前もいけなかったんだよ。明日はちゃんと謝って仲直りするんだよ」と言える親がどのくらいいるだろうか。

たいていは、「我が子は悪くない、相手の子が悪いのだ。もう、あの子と遊ぶのはやめなさい」ということになるのではなかろうか。

親であればこそ、我が子の味方であるのは当然だが、ここで「身びいき」という色めがねが働いているのである。ちょっと、色めがねをはずしてみると、物事を曇りなく見ることができて、バランスのとれた正しい判断ができるだろう。

自分では気づかずにいろいろな色めがねをかけていることがあろうが、こういう色めがねを一つ一つはずして、その日その日を一生懸命に生きようとする努力をしていきたいものだ。

親切を受けとめて

（平成28年2月22日付）

つい先日のこと、料理屋さんで懐石料理を頂く機会に恵まれた。季節を先取りした食材を使ったものが多く、風味満点。社長の、料理に対する意気込みを強く感じた。皆も喜び、予定の二時間を軽く過ぎて家路に就いた。

帰宅して、家族と団らんの後、歯磨きをして就寝しようとした。その時、入れ歯がないのに気がついた。どこかで落としたのに違いない。帰ってから自分の歩いた場所を丹念に歩いてみたが、ない。翌日になって、明るい光のもとで、そして外の方も探したがなかった。

家族にも、孫たちにまで「どこかにおじいちゃんの入れ歯があったら教えてね」と頼む始末。あきらめに近い気持ちになり、二、三日過ごしたその時、電話が鳴った。あの料理屋の従業員さんからである。

「入れ歯を忘れておられませんか」という内容。驚いた。てっきり家の中で失くしたものとばかり思っていた。少し緩めではあったが、料理屋さんで、はずれてしまったのに気づかずに帰ったものらしい。

私の席のお膳の周りに落ちていたのであろうが、他人の入れ歯を取り上げて、洗って、持ち主を探して……。よくぞここまで面倒をみてくださったなという感激に、うれし涙が出るような思いでお礼を言うと、「困っていらっしゃるのではないかと思いまして」との明るい声。持ち主が見つかって喜ばれた様子だった。

早速、受け取りに行くと、透明なプラスチック容器に入れ、さらに紙袋に入れて渡してくださった。他人の入れ歯など見たくもないのが普通であるのに、ここまで親切にしていただき、丁寧な扱いをしてくださったことに深い敬意の念を抱いた。

誰が見つけてくださったのか、誰が洗って容器に納めてくださったのか、どう対処するかの指示をされた方もあろう。この料理屋さんで働く方々の連携プレーによるものだったかもしれない。

お礼をしなくてはという気持ちで心がいっぱいであるが、「当たり前のことをしただけです」と言われそうな気がする。従業員教育として、このような忘れ物、落し物への対処は、指示されるまでもなく身に付けておられたのかもしれない。

しかし、それはお店の側からしては当然のことであったとしても、受け取る側が平然としていてよいのだろうか。やはり、受けた親切は親切として受けとめたいと思う。

今回のことについては、いまひとつ迷いがあった。一番簡単なのは、菓子箱でも持ってお礼に行くのが常識的なこととは思うが、これでは、受けた親切に対してお返しをしただけで終わってしまう。今回受けた親切が菓子箱一つで終わってしまうのでは、その従業員さんたちの行いに報いたことにならないのではないか。

直接お返しするのではないが、私自身が似たような事例に出合った時、今度は私が、ほかの方に対して同じように親切に、丁寧にお助けさせていただこう。そうすることによって、今回受けた親切への御礼としたいと思っている。

そしてまた、この話をいろいろな場で取り上げて、親切を受けるとはこういうことであるということを考えるきっかけとしてもらうようにしたい。

地獄・極楽とは

（平成28年4月4日付）

地獄絵図というものを目にされたことがおありだろうか。昔はお寺などで地獄絵図を子どもに見せて、「悪いことをすると地獄へ堕《お》ちて、こんな目に遭うんだよ。だから、親の言うことをよく聞いていい子にならないといけないよ」と諭したものらしい。

江戸時代の禅僧・白隠禅師は、十一歳の時、母についてお寺へお参りし、そこで聞いた地獄の話に恐怖を覚えた。どうすれば地獄に堕ちずにすむかと母に聞き「観音さまはお慈悲深いから必ず救ってくださる」と聞いて、それからは「観音普門品《ふもんぼん》」というお経を朝夕読誦した。それが出家するきっかけの一つになった。

私自身は地獄絵図を目にしたことはないのだが、「嘘をつくと地獄で閻魔《えんま》さまに舌を引っこ抜かれるぞ」とか、「悪いことをしたら地獄へ落とされて針の山を歩かされたり、釜茹《かまゆ》でにされたりするんだぞ」などと、恐ろしい話を耳にすることはあった。

私の場合は、それに恐怖して地獄の苦痛を逃れんがために僧侶になったわけではないが（寺に生まれたからその仏縁によるので）、それでも、「悪いことをすると地獄へ……」という意識は常に心のどこかにあったと思う。

私が五歳くらいの時、大本山妙心寺の元管長・山田無文老師に出雲大社へ連れて行ってもらったことがある。その時に、地獄極楽の話を聞かせていただいた。当時、雷と薄暗い寺の風呂場と夜の便所が怖くて身ぶるいする私だったのに、無文老師からこの話を聞いてからは怖くなくなった記憶がある。

ある人が死んで閻魔さんのところへ行くと、「お前はまだ来るのは早すぎる。娑婆へ帰れ」と言われた。帰ろうとしてふと見ると、人が死んでから行くところの見本市がズラッとある。

折角だから見て帰ろうと、まず地獄館へ入った。赤鬼青鬼がおって恐ろしいところかと思いきや、中央の大テーブルに御馳走の大盛りが並んでいる。地獄といってもこれはいいところじゃないかと思ってよく見ると、まわりの椅子にかけている人たちは何か言い争って喧嘩《けんか》をしている。

なぜ御馳走を前にして喧嘩をするのだ、なぜ食べないのだ、とさらによく見ると、匙《さじ》が二メートルもあって長すぎるので、食べ物を掬《すく》っても口に入らない。なるほど、これは地獄だ、さぞかし苦しいことであろう、と同情して次の極楽館へ入る。

ここも、テーブルに御馳走があり、長い匙を持った人たちが食事をしている。地獄館と全く同じである。

どこが違うかというと、匙で掬った御馳走を「あなた、どうぞどうぞ」と向かいの人に勧めている。すると向かいの人も「どうぞ」と勧めてくれるから、「頂きます」と御馳走を頂きながら楽しそうに話をしている。

全く同じ世界なのに、自分だけが食べようとすると地獄になり、まず人に食べてもらおうとすれば極楽になるのである。

地獄にしろ極楽にしろ、死後の話とは限らない。生きている今でも、自分中心の考え方をすればすなわち地獄、自分はさておき、他人のことを先に考えていけば極楽になるのだと思う。

物に囲まれて

（平成28年5月23日付）

いつ頃だっただろうか、「上手な片付けと収納」に関する本が人気を得ていた時があった。そのうちに「断捨離」という言葉が出てきたかと思うと、さらに「ミニマリスト」の生活が紹介されるようになって……。

なるほど収納を上手にして家の中を整えれば、さぞ気持ちよく暮らせることだろうから、その方法を教える本がよく読まれるのは分かる。そして、その方法の一つとして、不要なものを捨てれば片付け収納も楽にできるであろう。ここで、「断捨離」すなわち、不必要な物を断つ（買わない）、今持っている不要な物を捨てる、物への執着から離れるという考え方が生きてくる。

ミニマリストにいたっては、本当に大切な最小限の物だけで暮らす人たちだから、持ち物は基本自分で持ち運びできるほどの量にとどめる。というわけで、部屋の中は何も無い。

いずれにしても、あふれるほどの物に囲まれて生きる暮らしを少し整理して、すっきりとした生活をしたいという願望から生まれたものだろうが、考えてみればずいぶん幸せな時代になったものだと思わずにはいられない。

私は、戦争が終わって一年が経とうとする頃の生まれである。兄弟姉妹も多くて、祖父母両親と合わせて十人前後の大家族だった。戦争中の、何事も我慢、我慢ということはなかったにしても、やはり食べる物、着る物に不自由した記憶はある。上の兄弟から譲り受けた服や学用品は大切に使って、下の者たちへ渡さねばならなかった。我が家に限ったことではなく、周囲のどの家でもそうであった。

そのうち、いつの頃からか高度成長時代に入り、気づくと世の中すっかり豊かになっていた。誰もかれも、必要か不必要かという基準よりも、欲しいという気持ちに従って物を買い入れるようになっていった。そして、物があふれるようになった現在である。

ミニマリストにはなかなかなれないにしても、断捨離くらいはやってみたいと思う人は多いかもしれないが、やるとなると簡単にはいくまい。

私は断捨離の中の「捨」を自分の意志ではなく、やらざるを得なかった経験がある。若い頃の勤務地で水害に遭い、家財道具みな捨てなければならなかった。

私が失くして惜しかったのは、大学時代から買い集めた専門書と、まだ新しかった車だけだった。妻の方は、衣類や家具ではなくアルバムなどの思い出の品を残念がっていた。

借りていた住宅は、秋になってやっと玄関の戸が建ったというような状況で不便はあったものの、先般の熊本大地震の被災者の方々のことを思えばまだ軽い方だった。

家具や衣類はとりあえず救援物資や頂き物などで間に合わせたが、この時に感じたのは、あれほどの持ち物を失っても、これくらいで十分暮らせるものだなあということであった。

とは思いつつ、長い年月が経ってみると又も沢山の物に囲まれている。断捨離に取り組んだ方がよいと思う一方で、人から見たら不要と思われても、自分にはこれがあってこそ心豊かな暮らしになると言える物もあるのだが、と思い迷うこの頃である。

一歩を踏み出そう

（平成28年6月27日付）

新学期もそろそろ落ち着いてきて、修学旅行に出かける学校も多い頃である。この頃は、平和学習を組み込んだ旅行が多いようだ。

我が家の孫娘も、昨年の秋、広島、宮島への修学旅行に行くにあたっては、広島と原爆について、学校でかなり前から事前の勉強を行い、「原爆の子の像」にお供えする千羽鶴をみんなで作って出かけて行った。

実は、この孫娘は小学校二年生の夏に両親、妹弟たちと広島へ家族旅行をしたことがあった。

その時に入った原爆資料館について、「人形（被爆再現人形）がすごく怖かった。夜、寝ようと思っても思い出してしまってなかなか寝つけなかった」と、帰ってから話していた。

だから、六年生になっての修学旅行は「すごく楽しみだけど、原爆資料館に入るのが少し心配」と言っていたものの、やはり事前の平和学習によって考えることも多かったせいか、「今度は、資料館の人形よりも、語り部さんの被爆体験のお話しの方がショックだった」と言って帰ってきた。

私も小学校の修学旅行は広島方面であったが、平和学習はなくて、もっぱら宮島観光であったと記憶する。

その頃、原爆資料館はすでに建てられていたはずだが、昭和三十三年五月建立の「原爆の子の像」は私の修学旅行より前だったか後だったか。どちらにしろ、その頃の修学旅行は今とは意味合いが違っていて、地元の町や村からほとんど外へ出たことのない子どもたちが見聞を広めるための社会見学であった。

さて、その平和学習の旅行だが、今年はなかなか計画が立てにくかった学校もあったように聞いた。それというのも、オバマ米大統領の広島訪問が決まったが、その詳細な予定は分からないまま。その日に原爆資料館の見学を設定していた学校は予定を変更したり、取りやめたりしたところもあったらしい。

ともあれ、オバマ大統領の、現職大統領としての初の広島訪問は、日米両国の国民の様々な思いや意見のある中でやっと実現した。

アメリカには今なお「原爆が戦争終結への扉を開き、それ以降に失われたかもしれない多くの人命を救ったのだ」という意見がけっこうたくさんあると聞くが、広島で被爆した人たちからすれば、あの原爆投下は過ちであったと認めて謝罪してほしいという思いもあっただろう。立場が違えば真反対の意見となる。

そういう中で、オバマ大統領が広島訪問、被爆者との対面に踏み切ったのは、自らが掲げる「核なき世界」の理念を少しでも前進させたいとの思いからだろう。

お互い、恨みや憎しみの心を完全に捨て去ることはできないかもしれないが、それを越えて一歩を踏み出さないといつまでも憎しみの連鎖を断つことはできない。

そういう意味で、今回のオバマ大統領の広島訪問によって核兵器廃絶の機運が高まることを期待し、希望を与えられたと感じた人も多いのではなかろうか。日米両国民のみならず、世界中の人々が、核なき世界の実現に向けて一歩を踏み出さねばならないと思う。

幸せを受け継ぐ

（平成28年8月15日付）

防災の日が近づいたが、最近、自然災害が多くなってきたように思えてならない。

熊本地震で大きな被害が出たばかりのところへ、追い打ちをかけるかのような豪雨。仮設住宅や、地震で壊れかけたままの住宅に容赦なく降り続く激しい雨の映像を見ると、本当に心が痛むのを覚える。

この私も、昭和四十七年七月、梅雨明け間近の集中豪雨で、勤務地川本の教員住宅が二メートルも水に浸かり、生後半年ばかりの長男を抱いて、裏山伝いに高台の高校の寮へと避難したことがある。

災害があるたびに、自分たちの経験を思い出し、いろいろな病気を抱えている人たちが困っていらっしゃるだろうな、とか、乳飲み子のいる家庭においては、ミルクやおむつの心配があるのでは、とか、そのご苦労が実感として感じられる。

私たちは、あの時初めて、救援物資を頂く機会に遭遇した。ちょうどソフトボールと同じ大きさ、同じようなまんまるな形のおにぎりは面白かった。けっこう固く握ってあったので、大食漢でなければ一個で十分だった。

キャベツには少し驚いた。大きなビニール袋に、とても大きくて上等のキャベツが十個あまりも入ったものを頂いたのだ。大人二人と乳飲み子の我が家族にはどう考えても多すぎるのだが、隣近所に分けてあげようにも、みんな同じ物をもらっておられたので、我が家で頂くしかなかった。

料理のレパートリーが多くない妻が、とりあえず茹《ゆ》でてくれたが、「マヨネーズか塩がほしいところだなあ」と内心で思った。あのキャベツは、申し訳ないが全部を食べきる前に傷んでしまった。あれほど大量のキャベツ、どなたが下さったのだろう。

衣類も頂いたが、子どもの物は本当にありがたかった。それでなくても子どもは着替えが要るものだが、ましてや手持ちの衣服がほとんどだめになったのだから。フリーマーケットのように一面に並べられた中から、妻が、少し大きい物でもかまわず頂いてきた。

その中に、継ぎ当てのある、かなり着古したズボンがあった。なんと説明したらよいか分からないが、膝の少し下でしぼった、ちょっと珍しい形のズボンであった。

息子が歩くようになってからの出番ではあったが、古着だけれどもなかなかおしゃれで、本人も着心地がよかったのかお気に入りになった。継ぎ当ても、もとの持ち主である男の子がこのズボンを好んで、さんざん着古した証しではないか。誰かのお気に入りだった物を頂いて、また使わせてもらうことは、何だか幸せをも受け継いだかのような気がした。

「色あせた古着ではないか」だとか、「継ぎ当てしてある物なんて」というような気持ちで受け取ったのでは、幸せを受け継ぐことなどできはしなかっただろう。

最近は、被災地へ送る物も、着古した物ではなく、できればなるべく新しい物を、ということである。確かに、それにこしたことはないが、どんな物であれ、善意を感謝して受け取れば、幸せな気持ちもついてくるのではないかと思う。

無駄な努力はない

（平成28年9月26日付）

八月二十二日、オリンピックが閉幕した。各報道によって、その熱気にあふれた様子が見て取れた。日本の活躍もメダルが金銀銅合わせて四十一という数字が示すように、過去にないすばらしい成績である。四年後の東京大会につながる成績として評価に値する。

しかし、メダルが取れた人はよいが、取れなかった人はどうだろう。期待されていた金が取れなくて銀だったレスリング女子の吉田沙保里選手。銀はすばらしい成績であるにもかかわらず、「ごめんなさい」と謝り続けた。選手団の主将ということで、よけいに「金を取らなければならなかったのに」という思いがあったのだろう。

国民みんなの期待というものがどれだけ重いものか。重量挙げの三宅選手にしても、一回目、二回目と失敗して、いよいよ最後の回、ここではどうしても踏ばらなくては、という気持ちだっただろう。成功したからよかったものの、失敗していたらどうだっただろうかと思うと、選手は一体誰のために戦っているのだろうとすら思ってしまう。

クーベルタン男爵の「オリンピックは勝つことよりも参加することに意義がある」という言葉はお聞きになったことがあるだろう。その一方で、「戦うのなら勝たなくてはならない。やるのなら結果を出さなくては意味がない」という考え方もある。応援する家族、指導者、仲間、国民それぞれの思いが、選手たちにとって力強い励ましにもなるし、プレッシャーにもなる。

そういう周りの期待もさることながら、選手自身の思いも自分を鼓舞するとともに、自分への重圧にもなる。その重圧を力に変えてメダルにつながった例のいくつかは、水泳男子、卓球女子、体操男子、陸上男子の団体種目に見られる。

チームの誰かが負けたり、失敗した後、仲間たちがそれを挽回しようと頑張る姿、また、一人一人はそう傑出した力があったわけではないが、少しずつ勇気を出し合ってリレーゾーンを駆け抜けたことによりメダルが取れたなど、数々のドラマを見せてもらった。

最後は、「努力を重ねてきた自分を信じて戦う」ということだろうが、その努力はどこまで報いられるものだろうか。

これは、オリンピック選手だけでなく、受験生にも言えるし、いろいろな目標に向かって努力するすべての人に言えることである。

私は高校勤務の現場で、大学受験に挑戦した生徒たちの悲喜こもごもの姿をたくさん見てきた。いずれの生徒も努力してきたのに、合格、不合格という結果に分けられてしまう。だから、「どんなに努力しても成功するとは限らない」ということを知っている。

けれども、どのような結果であれ、努力は何らかの形で実を結ぶ、とは言える。すぐ目の前の目標に手が届かなかった時、その努力は無駄だったと思うかもしれない。しかし、これは本人にしか分からないことだが、その努力が自分のために大いに役を果たしていたのだと実感する時が必ず来る。

それが分かっているので、私はやはり、「努力しよう。必ずそれはあなたのためになるのだから。決して無駄にはならないよ」と言いたい。

般若心経に寄せて

（平成28年11月7日付）

西遊記というお話を子どもの頃に読んだり、テレビで見たりされた方は多いであろう。孫悟空のお師匠さま、三蔵法師は実は三蔵というお名前ではない。お釈迦さまによって開かれた仏教が中国に伝わり、多くの学僧たちは、より正確な経典を求めて天竺《てんじく》（インド）へと旅立った。その学僧たちのことを三蔵法師といい、玄奘《げんじょう》三蔵法師や義浄《ぎじょう》三蔵法師が有名である。

以前、どなたかの法話で聞いたお話である。ある時、一人の三蔵法師が天竺に向かう途中、年老いた僧が病気で苦しんでいるのを発見した。三蔵法師は旅を中断して、その病僧の看病に明け暮れること一週間、その甲斐あって元気を取り戻した老僧にいとまを告げ、旅を続けることにした。

老僧曰《いわ》く、「あなたには大変お世話になった。何もお礼に差し上げる物がないが、以前、旅の僧からもらったこの巻物を身に着けて、旅の安全に心がけてください」と。

旅を続けるうちに、とある村にさしかかった。なにしろ砂漠のことゆえ、雨が降らず、雨乞いのためのお祭りをしようとしていたが、生贄《いけにえ》として生きた人間を神さまにお供えする儀式をしなければならない。誰を生贄にするかで大騒ぎの中、この三蔵法師がつかまってしまった。

いよいよ生贄として火がつけられるという時、三蔵法師は十分間だけ時間をもらった。あの、病僧にもらった巻物を開き、そこに書かれた短い経文を繰り返し読誦《どくじゅ》するうち、驚くことなかれ、空が急に暗くなったかと思うと、ついに雨が降り出したのである。

世に有名な般若心経というお経は、この巻物ではないかという人もいるが、定かではない。

幼子二人を遺《のこ》して病気で亡くなられた若いお嫁さんのお宅で、ご家族が朝に晩にお仏壇に手を合わせ、般若心経をお唱えしていた。一カ月も経たぬうちに、五歳の男の子が少しずつお唱えできるようになった、とそのおじいさんから聞いた。

私も般若心経には、満五歳くらいの頃からお世話になっている。雷が鳴った時、人の前で緊張した時、四〇度くらい熱が出た時、などなどに、心の中で般若心経を唱えたものである。

今は、孫たちが毎朝登校前に、父親と一緒に般若心経をお唱えしてから、「行ってきます」と出かけていく。この子たちも、今はお経の意味を理解してはいないのだが、いずれ読ませてやるつもりで私が手元に持っている絵本を紹介しよう。

「ぜんきゅうの般若心経」。丹羽善久という方の本である。僧侶ではなく、石と流木の造形作家であるが、ほのぼのとした絵が添えてあり、分かりやすい。

「般若心経は『空（くう）』の教えです。

そして『空』は、

いらいらするな

くよくよするな

ぎすぎすするな

おおらかに、おおらかに生きていきなさい、ということです」

山田無文老師は、最後の「羯諦《ぎゃてい》　羯諦　波羅《はら》羯諦　波羅僧羯諦　菩提薩婆訶《ぼじそわか》」

般若心経」をこう訳された。

「着いた、着いた、彼岸《ひがん》へ着いた、みんな彼岸へ着いた、ここがお浄土だった」

大願を立てる

退職してから時間的な余裕ができたせいか、あちこち出かけるチャンスに恵まれている方だと思う。この秋も、神社仏閣にお参りさせて頂く機会を得た。「呆け封じ」とか、「癌封じ」のお願いがやたらと多く目について、なんとなく物足りなさを感じた。お地蔵さまを拝んだから、癌から逃れることができるというわけではないし、観音さまに手を合わせたから呆けないで済むわけでもないからだ。「私は、もっともっと世のため人のために役立たせていただきたいと思っています。たとえ病に倒れても、最後の最後まで頑張って、何かのお役に立ちたいと思っています」と拝むから、病も逃げていくだろうし、心を乱さずに済むであろう。こういう気持ちで、常日頃、手を合わせているから、いざ、重い病に伏したとしても、看病してくれる人に笑顔で「ありがとう」「ありがとう」とも言えるのではなかろうか。

祖父や父母の看病を経験してきたが、「ありがとう」の一言で、一睡もしない疲労も取れてしまう。それどころか、病人から学ぶことの方が多い。

（平成28年12月26日付）

こうなると、死ぬ間際であっても、「ありがとう」と一言ほほ笑むことによって、周囲の人に役立つことができるのではなかろうか。「普段から、このようなご信心をしておれば……」と思う。

いつだか、知人を近在の古刹《こさつ》へ案内した時、「大願成就」と書いてあるのを見て、「大願とあるから、ここでは大きないろいろな悩みを何でも聞いてくださるんですね」と聞かれたが、病気平癒、商売繁盛、受験合格等々、そんなに簡単にたくさんのことを聞いてくださるわけがない。

もちろん、善男善女が神社やお寺へお参りすれば、神仏のご加護に対する感謝の言葉とともに、さまざまなお願い事をお祈りするのは普通のことではあるが。

しかし、ここで大願というのは、仏や菩薩が衆生を救いたいと願う思いである。その思いを私たちに当てはめてみれば、それはつまり、我が身のお願い事ではなく、「人さまのお役に立てますように」と願う心であろう。

菊池寛の「恩讐の彼方に」という小説がある。主殺しという大罪を犯して逃亡した市九郎は、やがて自分の罪業に恐れをなして出家、修行を積む。了海と名を改め、滅罪のために全国行脚をするうちに、豊前の国で、難所の岩場で命を落とす人を救いたいと、岩場の掘削という大願を立てる。

初めは「狂気の僧」と相手にされなかったが、月日が経つうちに協力する者たちも現れる。二十年も経った頃、了海を親の仇と狙う若者が現れた。洞門の開通まで仇討ちを延ばし、若者はなるべく早くその日がくるように手伝い始める。そして、ついに洞門が開通した時には、仇討ちの気持ちは消えていた。

了海の大願は、人々の命を救うことになっただけでなく、仇討ちにやってきた若者の心をも救ったのである。

まもなく、新しい年を迎えます。新年の誓いの中に、皆さんもそれぞれの大願を立ててみませんか。

ふと思う

（平成29年2月20日付）

古い話で恐縮だが、平成元年の、とある日のことであった。お医者さんの待合室で偶然、新聞の歌壇の欄に目が行った。全国から応募された歌の中から、選者の方が十首ほど選び、それが新聞に掲載される欄である。

私も、おぼつかないながら短歌を始めて何年か経った頃だったので、なんとなくそういう欄に目が行くようになっていたのだろう。その日、私はその欄に載っていたある一首に目が釘付けになった。読んでみて、すごいと思った。この作者に、今すぐ会って話がしてみたいなと思うほどだった。

その歌は、「ふと思う／我が知らぬ間に近づきて／また離れゆきし／災いもあらん」。書かれている通りの意味だから、さほど難しい歌ではない。

この世の中には数々の災いがある。長い人生の中では、そのうちのいくつかが、実際に自分の身に降りかかってくることもあろう。しかし、ふと考えてみると、自分の知らぬ間に近づいてきたが、自分に降りかかることなく離れていった災いも数々あったのではなかろうか。

一家に車が三台も四台もある車社会の今日である。いつ事故に遭っても不思議でないほど多くの車の中に身を投じている毎日、よくもまあ、ぶつからずにここまで、事故を避けてきたものだ。自分は交通法規を守って安全運転をしているから大丈夫とは言い切れない。相手が守ってくれなくては事故に巻き込まれるわけだから、事故に遭わないということは、どんなに有り難いことであろうか。

車に関する災いばかりではない。新聞やテレビのニュースで報じられるいろいろな災いは、きりがないほどだ。

ビル街を歩いていたら、上から看板か建設資材が落ちてきて死傷者が出たとか、無差別に人を害してやりたいという狂気の犠牲になった人々も。地震、津波、洪水といった自然災害もある。さきほど挙げた車は無論、飛行機、電車、オートバイなどの交通災害、また、高齢者を狙った振り込め詐欺など、枚挙にいとまがない。

こういう災いの矢が四方八方から無数に飛んでくる中を、よくもその一本にも当たらずに今日という一日を終えることができたものだ。それを思うと、手を合わせて、今日一日の無事を感謝せずにはいられない。

しかし、毎日が無事に終わることを当たり前と思っていると、こういうことに心至らないものだ。

私たちは、自分の行動は自分で責任を持ち、いろいろなことを配慮した上で、「こうすべき」と思うことをやっている。だから、良い結果が出たら「よし、私がやったことは正しかった」と満足し、悪い結果なら「この点がいけなかったのだ。やり直してみよう」とか考える。

それでよいのだけれど、一日の終わりには、今日ここに無事でいることの有り難さを、「ふと思う」時間を、一分でも二分でもよいから、持つようにしてはどうだろうか。

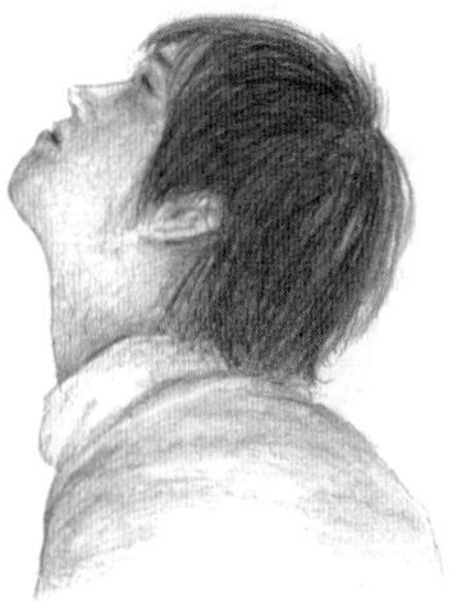

釈尊（お釈迦さま）誕生

（平成29年4月3日付）

インドの北からネパールにかけて、一年中雪で覆われている山々がある。ヒマラヤと呼ばれるこの山々の、その姿は素晴らしいの一語に尽きる。お釈迦さまは、この山のふもとの方でお生まれになった。その誕生にまつわる話は、法話で聞いたり、本で読んだりしてご存知の方もあろうが、ここでもう一度取り上げてみたい。

今から二千五百年ほど前のこと。ヒマラヤのふもとにカピラという国があった。王さまのスッドーダナの妃、マーヤ夫人はある晩、不思議な夢を見た。

ぴかぴか光る大きな白い象が出て来て、マーヤ夫人の脇の下から体の中へスーッと入って来たのである。びっくりして目を覚ましたマーヤ夫人は、王さまにこのことを告げた。王さまはすぐに、学者や物知りを呼んで、相談したところ、だれもが次のようなことを言った。

「きっと王子さまがお生まれになるお知らせにまちがいないでしょう」

マーヤ夫人は、出産のために自分の生家に向かう途中、ルンビニーと呼ばれる花園を通り、ひと休みすることにした。春の花が咲き匂う美しい花園で、手をあげて無憂華樹《むうげじゅ》という木の枝にさわり、咲いている花を取ろうとした時にお釈迦さまが生まれたと言われている。

この時、口に甘い雨が降りだして産湯となった。四月八日のことである。子どもの頃、お釈迦さまのご誕生を祝って、降誕会《ごうたんえ》の花祭りをするお寺も多い。

大きな白象を引っ張って行列した経験はないだろうか。本堂の片隅に、白象が置いてあるお寺もある。これは、マーヤ夫人の夢に出てきた白象にちなむものであろう。

私の寺でも、四月八日とその前後数日間、花御堂《はなみどう》を出し、ルンビニーの園の如くにとはいかないが花を飾る。そして用意するのが甘茶である。

お参りされた方は、誕生されたばかりの姿をしたお釈迦さまの像に甘茶をかけて手を合わせておられる。これは、口に甘い雨が降ってきて産湯となったことに由来する。

像に注ぐ甘茶のほかに、飲んでいただく甘茶も用意する。「砂糖が入っている

お釈迦さまのご誕生を祝って、大龍寺で出す花御堂

のですか」と聞かれるが、ただ甘茶の茶葉を煮出しただけなのに、ほんのりと甘い味である。

ところで、この誕生仏の姿であるが、右手は天を指し、左手は地を指しておられる。そして発した言葉が「天上天下《てんじょうてんげ》唯我独尊《ゆいがどくそん》」。

字だけを見れば、「天においても地においても唯我ひとりのみが尊い」と解釈してしまいそうだ。「自分だけが尊いなんて、生まれたばかりでこんなえらそうなことを言われたのか?」と思われるかもしれないが、もちろんそれは違う。

「仏心を具えた私という存在は、この世の中にこの私ひとりである。そういう意味で、この私はかけがえのない尊い存在である。すべての人、ものに仏心が具わっているのだから、どの人も、どんなものも、それぞれが唯一無二の尊い存在なのだ」。そういうことを、この誕生仏のお姿によって、釈尊の教えとして表しているのである。

日々の務め

（平成29年5月22日付）

百丈禅師は唐の時代の高僧で、お弟子さんは百人とも二百人ともいわれる。禅師は八十歳を超える高齢になっても、お弟子さんたちの先頭に立って庭掃除などの仕事（作務《さむ》）をこなしておられたので、お弟子さんたちは禅師の身体を心配していた。

ある朝、禅師が庭掃除をしようと思って道具置き場に行ってみると、自分専用の道具が見当たらない。その日、禅師は食事をとることをやめて坐禅をしておられた。翌朝も、前日同様に自分の道具が無かったので、その日もやむなく庭掃除をせずに坐禅をして、やはり食事はとられなかった。

禅師に仕えている修行僧たちが、食事をとってくださるようにと、再三にわたって説得を試みたが、聞き入れてもらえなかった。

お弟子さんたちは、禅師に仕事をやめて身体を休め、いつまでも元気でいてほしいと願う気持ちから、禅師の仕事道具を隠してしまったのであったが、禅師は、

「一日作《な》さざれば一日食らわず」と言ったまま、それ以外は何もおっしゃらない。つまり、「一日労働をしなかったら、一日食事をとらない」と言われたのである。「働かざる者食うべからず」という言葉があるが、それと同じ意味なのだろうか。

この言葉は、怠けて働かない人に対して発せられる懲罰的な言葉であるが、働きたくても働けない人たちにとっては厳しすぎる。高齢、病気、家庭事情など、さまざまな理由で働けない人は多い。そういう理由に対しては、何らかの支援の手を差し伸べられる社会であってほしいが、それがなかなか厳しい現状にあって、この言葉は耳に痛い。

百丈禅師が、「一日作さざれば一日食らわず」と言われたのはどういう意味か。「私は自分のなすべき今日の務めをしなかった。だから、今日は食事をいただくことができないのだ」「自分の心が、食事をとることを許さないのだ」という、自分自身に向けた言葉なのである。決して、他を責める言葉ではない。

禅師の健康を案じての、お弟子さんたちの行動（庭掃除の道具を隠す）ではあったが、結局、禅師の「日々の務め」を奪ってしまっていたのだ。

われわれ誰しも「日々の務め」がある。それは、必ずしも生活の糧を得るための仕事だけをさすのではない。子どもたちは、「大人は勉強しなくていいからいいなあ。なんで子どもばっかり勉強しなくちゃいけないの」と言うが、それが子どもの務め。

高齢になり、あるいは病気になり、若く元気な時のようには働けなくても、「日々の務め」はある。自分なりの精いっぱいの生き方をすることである。その生きざまを周りに見せることである。

かく言う私も、高齢者と呼ばれる身、さらに病も持つ身となり、思うにまかせぬことの多い日々である。たくさんの手に支えられて暮らす今の私は、自分の「日々の務め」が果たせているだろうかと自問しながら生きている。

一日一善

（平成29年7月3日付）


古い話で恐縮だが、もう十年以上も前の話になる。ここで定年退職を迎えるという最後の勤務校で、私は生徒たちによく「一日一善」の話をした。

生徒たちの前に立つ度ごとに「一日一善」の話をするものだから、校外で卒業生に出会うと、「あっ、一日一善の校長先生だ」などと言われたほどだ。とは言っても、そんなに大仰な話ではない。学校で見かけた、あるいは耳にした小さな出来事を取り上げたのである。

この地方にしては珍しく台風が直撃した秋のこと、出張中の私は、交通機関の乱れにより帰宅が大幅に遅れてしまった。翌日の昼すぎに学校に帰り、学校の坂を一目見て、台風のすごさを感じた。

その坂道で、一人で落ち葉集めをしている生徒がいたので、事情を聞いてみると、自分たちが経験したことのない台風であったことを話してくれた。

その日は、三年生の模擬試験の日で、予定通り実施されていたのだが、一部の者は受験科目数が少ないので午前中で終わり、午後は帰ってもよいことになっていた。彼は、帰りの坂道で、銀杏《いちょう》や紅葉の落ち葉を見て、唖然として落ち葉集めを始めた、ということであった。

午前中、試験を受けて疲れたであろうに、一人で落ち葉を集めようとする気力に、内心、この生徒に良き知らせが次の三月にありますようにと、祈るような思いがしたものである。

うれしいことに、このような話はいろいろと見聞きすることがあった。

ある運動部が対外試合に出かけて行った時に、相手校のトイレの掃除を徹底的に行って、そこの校長先生からお礼の電話をもらったこともある。

誰かが「掃除しよう」と言いだしたものか、あるいは、その運動部ではこんな場合、自分たちが使った場所をきれいにして帰るという良き伝統があったのかもしれない。

このように、誰かに言われたわけでもなく、自分（達）の意志でする行いを善行と言う。善行を多くの人が心がけたら、世の中はずいぶん変わってくるだろう。

「一日一善」と言うと、「一日に一回だけ善行を行えばいいのか」と思うかもしれない。そうではなくて、毎日一つの善行でもよいから、実行しようということなのだ。一日に一つでも、トータルはすごい量の善行が集まることだろう。大人、子どもを問わず、その年齢にふさわしい善行があるはずだ。

しかし、「善行、善行、何をすれば善行なのかな」と、あたりを見回しても、そう簡単に「これだ、今日の善行はこれだ」というふうに見つかるものではない。何かにつけ、「こうすればほかの人が助かるだろうな」とか、「ほかの人が喜んでくれたら自分がうれしい」という気持ちでいれば、いくらでも見つかることだろう。

見返りを求めるのではなく、そうすることで自分自身が清々《すがすが》しい気分になれたら、それが一番のご褒美である。

さらに言えば、ほかの人の善行にも気づくことができれば、感謝の気持ちと共に、「自分もまた善行を積もう」と思えることだろう。

まだ出来る

（平成29年8月21日付）

山田洋次監督の映画「家族はつらいよ2」の中に、最近よく車に傷を作って帰る父親のことを心配して、息子夫婦、娘夫婦が集まって相談する場面がある。「取り返しのつかない大きな事故を起こしてからでは遅いのだから、何とかして運転をやめてもらわなくては」と、若い者たちは必死である。しかし、誰がそれを父親に言うかで、その役目の押しつけあいである。

案の定、父親は、「運転くらい、まだ出来る。俺に運転をやめろと言うのは、死ねと言うのと同じことだ」と激怒。用があればタクシーを使えばいいだろうと言われても、そう頻繁に使うわけにもいくまい。この家族は、大都会に住んでいるから、まだ公共交通機関の便利もよいだろうが、地方の町や村なら、日々の買い物、病院通い、すべて車があってこそなのだ。

映画の中のこの父親は、車をやめたら不便で困る、ということだけで怒っているのではなさそうだ。「もう年だから出来ない」と決めつけられたところにカチンと来るものがあったのだろう。

私の場合は、退職して三年半ほどして、自分の方から「運転をやめようと思うが……」と、家族に相談をかけた。実は、もうだいぶ前から、目のトラブルが始まっていたのである。物が二重に見えたり、ゆがんで見えたりするので、駐車場で隣の車にコツンと当たったり、我が家の庭先から出ようとして脱輪したりということがあった。

加齢性黄斑変性症ということで、とりたてて効果のある治療法もないらしい。と、なれば、運転は危ない。相談の末、外出の用がある時は、家族が、特に妻が、いつでも車を出してくれるという約束のもと、車を手放したというわけである。

しかし、自分が思った時に、サッと腰を上げて車に乗り込むことが出来ないことの不自由さは想像以上であった。予定されていた寺の用や通院などは、ちゃんと動いてくれるが、「今からドライブでもしたいな」と思ってもそうはいかない。妻も、私の専属運転手ではないから、自分の仕事は山ほどある。いつでも乗せてくれるという約束は、「思い立った時いつでも」という意味ではなかったのだ。

まだ在職中に生まれた初孫を、毎週末、近くの宍道湖自然館「ゴビウス」へ連れて行くのが私の至福のひとときだったが、それも出来なくなった。注意して運転すれば、まだやめなくてもよかったのではないかと、後悔の念もよぎったが、仕方がない。

少し早すぎるくらいの運転卒業だったが、あの頃の私には、状況判断の力があったのだと思う。今の私ならどうだろう。「はいはい、私の運転は危なくなったから、おっしゃるとおり、やめましょう」と、すんなり言えるだろうか。

年をとればとるほど、「これだけ長く運転してきた自分は大ベテランだ」という自負と、悲しいかな少し衰えた判断力のせいで、「まだ出来る」と言い張るのではないか。

人生において、何事もあきらめず「まだ出来る」と頑張るのは大事なことだ。が、「まだ出来る」と言い張って、困った状況を作り出す言葉にもなり得る、と、この頃気がついた。

「叱る」と「怒る」

（平成29年10月2日付）

小学生の小さい孫が、「『叱る』と『怒る』の違い、知ってる？ 僕は知ってるよ。前に先生が教えてごされたから」と言う。曰《いわ》く、「『怒る』は腹を立てることで、『叱る』は、その人のことを思って、その人が良くなるように教えることだよ」と。

寺の子として生まれた私は、この小さい孫の年頃には祖父や父について法事などにも出かけていた。父と一緒にある檀家さんの法事に出かけた時のこと。

昔の法事は丁寧で、まず前の晩（逮夜）八時頃に行ってお勤めをした後、酒盛りが始まり、長くなると十二時を過ぎての帰宅。翌朝、八時に朝経。逮夜のお経よりも丁寧なお経である。そして、朝御膳を頂いた後、上等の生菓子でお茶を頂く。十時頃になってやっと本番の法事のお経となるのだが、般若心経から始まって次々と難しくて長いお経が続くのである。同じお経が繰り返されることもあって、いつ終わるともしれない。やっと終わったら法話が始まる。それからお墓へ行って、またまたお経をあげる。その最中に、小僧の私は思わずあくびをしてしまった。

マンガの一休さんのようなチビ小僧さんが、思わずあくびをしたら、周りの大人たちはどう思うだろうか。

「なんと行儀の悪い小僧だ」と眉をひそめるだろうか。どちらかと言えば、かわいい情景としてクスッと微笑《ほほえ》まれるのではなかろうか。

しかし、父は激怒した。人目もかまわず、げんこつ、ビンタをくらわせて、即刻「帰れ!」と一喝された。

小さいながら前の晩からここまで頑張ってお勤めを果たした。これからやっと御馳走《ごちそう》の膳につき、「小僧さん、これ食べなさい」「小僧さん、お経を上手に読めたね。えらいもんだね」と褒められたりして、一番いいところなのだ。それを、「帰れ!」とは。

小学校の一年生だったか、二年生だったか。今でもそのお宅は覚えているが、山道を含めて二キロ半くらいだっただろうか。さすがに、そこの御亭主が、自転車で送ると言ってくださったのだが、「こんな不心得者は自転車に乗せてもらう資格はないから、歩いて帰らせてくれ」と父は言った。

歩いて帰りながらいろいろ考えた。一人だけ歩いて帰ったことを母にどう言うか。言うのがいやでいやでたまらなかった。と言って、泣くというのも意に沿わなかった。悲しいのは無論悲しかったが、不思議にもその時、父を恨む気持ちはなかった。やっぱり自分が悪いと思ったのだ。

法事では、どの家でも同じことをやっているように見えても、一軒一軒を大事につとめなければならない。マンネリはあり得ないことなのだ。

法事に限ったことではない。平凡なことの繰り返しであっても、その一回一回の平凡なことが大切なのだ。いくら子どもでもそこは自分に厳しくあらねばならない。

厳しく叱ることで、それを教えてくれた父に感謝している。常はとても穏やかな父であっただけに、この鉄拳は忘れられない。

温厚だった父・清蔭和尚
（昭和50年12月）

縁無き衆生は度し難し

（平成29年11月20日付）

今年のカレンダーも残すところわずか、今年の一字は何だろうか、今年の流行語大賞は何かな、と話題になる頃であろう。

それでは、今年の数字と言えば?……。やはり「9・98」ではなかろうか。すぐにお分かりになった方も多いと思うが、今年九月九日に、桐生祥秀選手が男子百メートルで、日本選手で初めて10秒の壁を突破し、9・98秒を記録したのである。

どの新聞にも大きく取り上げられたこの快挙は、高校三年で10・01秒を記録してから四年間の長い苦悩を越えてやっと果たされたものである。心の折れる時を何回も乗り越えて、あきらめずに頑張ったからこそ得られたものであろう。

桐生選手を讃《たた》える記事の中に、東洋大学で指導を受けている土江寛裕コーチ（出雲市出身）と最初はうまくいかなかったということが書かれていた。

意見が合わないと反発し、コーチに対してタメ口でキレたりしたこともあったという。指導を受ける身でそういう態度では、伸びるものではない。桐生選手も、指導者の言や周囲の心配に耳を塞《ふさ》ぎ、結果、記録は出ない、怪我《けが》も増えたとのこと。「誰がお前のことを一番に考えてくれているのか」と父に叱られたことで、自分が周囲の人たちに支えられていることに気づいた彼は、やがてコーチとの信頼関係を築き、二人三脚で快挙を成し遂げたのだ。

記録達成後、コーチについて「ダメな時に怒ってくれる人が近くにいたのでやってこられた」と話した桐生選手は心も大きく成長したのだと思う。「信頼関係を築くまでには時間が必要だった」と話す土江コーチは本当に粘り強く見守り続けたすばらしい指導者だと言えるのではなかろうか。

私も長く高校生を指導する立場にいたのだが、伸びるのは素直に耳を傾ける生徒であった。いくら言って聞かせても振り向こうとしない生徒は、結局縁が育たず、実を結ばなかったということになる。残念ながら、そういう生徒に対しては、自分の無力さを嘆くよりほかなかった。

今回の表題「縁無き衆生は度《ど》し難《がた》し」というのは、縁無き衆生（仏の教えを耳にする機会が無い者、耳にしても受け入れようとしない者）は、仏さまがいかに手を差し伸べようとしても救う（度する）ことができないという意味である。

しかし、仏さまの差し伸べる救いの手は一つだけではない。学校の教室でその手につながる（縁がつながる）者もいれば、部活動の場で、あるいは就職先でと、人生いたるところにあるのである。縁がつながった場所でそれぞれに伸びていくのである。

私の無力さから縁をつなげなかった生徒に後年出会って、「あの子がこんなにすばらしく成長したのか」と驚かされることはしょっちゅうあった。どこかで、誰かの縁につながって伸びたのであろう。

救いの手に気づかず、縁から離れる場合もある。桐生選手も父の言葉で、ハッと目が開き、土江コーチやまわりの人々から差し伸べられているたくさんの手に気づいたからこそ、素直に耳を傾け、今の喜びを得たのだと言えよう。

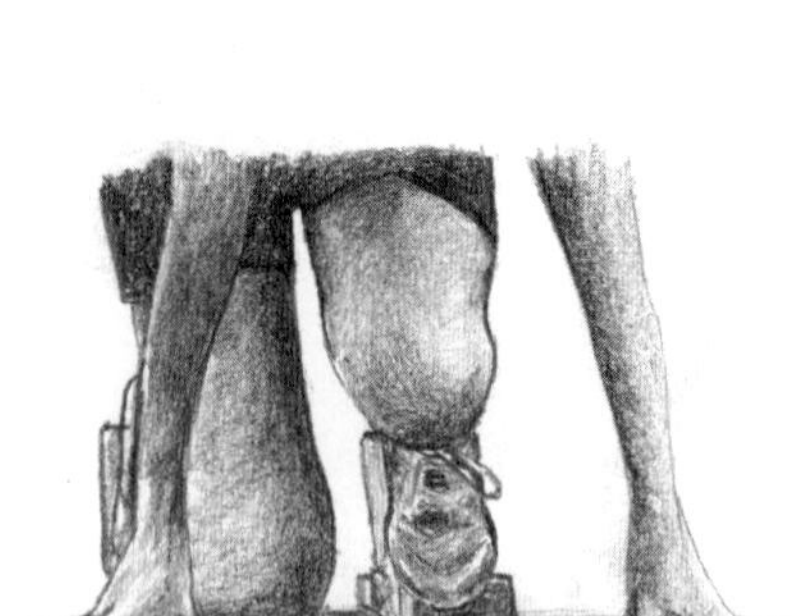

ない　ない　ない

（平成30年1月22日付）

孫四人それぞれの手のぬくもりを病む我に触れ歩幅をあわす

病みて知ることの多かりみほとけに茶湯を供えて朝の経諷《ず》す

今年の年賀状にはこの二首の短歌のあとに、「パーキンソン病を発症して十年ばかり経ちました。不自由は多々ありますが、リハビリに励む毎日です」と添え書きした。

定年退職の少し前からいろいろな症状は出ていたものの、病気知らずのエネルギッシュな自分というものを自認していた私にとって、まさかこのような病気を発症するとは思いもよらぬことだった。

黄斑変性症による目の不具合はすでに始まっていたが、やがて手が震えて字が書けなくなり、箸も使えず、バランスを崩しやすくなり、歩くことも困難になり、と、今まで出来ていたことを次々と失っていった。

それでも、退職後の五、六年は病院通いをしながら授戒会《じゅかいえ》や晋山式《しんざんしき》といった、寺の大きな行事もやり終えたし、自分の希望したことをやることも出来ていた。が、徐々にいろんな機能が衰えていくのを自覚しつつあるのが現状である。まさに、「ない　ない　ない」である。

ここで、私が学生時代に感激した詩を紹介しよう。

ある　ある　ある

中村　久子

さわやかな秋の朝
「タオル取ってちょうだい」
「おーい」と答える良人がある
「ハーイ」という娘がおる
歯をみがく　義歯の取り外し　かおを洗う

短いけれど指のない
まるい強い手が何でもしてくれる
ある　ある　ある
みんな　ある
さわやかな秋の朝

ご存知の方もあろうが、この詩を書いた中村久子さんは、明治三十年、高山の生まれ（没年は昭和四十三年）、幼い頃に病気で両肘の先、両膝から下を切断されたという方である。両手両足のない、その中村久子さんが「ある　ある　ある」と言っている。

私は学生時代、ある寺に住まわせてもらいながら大学に通っていた。朝は草取り、雨の日は中の掃除、みかん山があったので収穫の季節には蜜柑《みかん》採りの手伝いなど、小僧同然の生活だった。

自由気ままに学生生活をエンジョイしている友人たちを見ては、「なぜ自分だけが朝早くから起きて、寺でこんな不自由な生活をしなければならないだろう」

と、心の中で不平に思っていた。

そんな時にこの中村さんの詩に出合った。私たちは何かと言えば不足な物ばかりを見て「ない　ない　ない」と不平不満を感じるのではなかろうか。どうすれば心安らかに生きていけるのだろうか。

お釈迦さまは、「無垢（すこやか）なることは最上の利益（りやく）足るを知るは最上の財（たから）」と言っておられる。

私も、病の身に寄り添ってくれる孫や家族がおり、杖《つえ》や車いすで旅行も出来る。檀家の方や地域の方、友や教え子も訪ねてくれる。そういう方々との語らいのひとときは、私にとって無上の喜び、まさしく「ある　ある　ある」なのだ。

車いすでトルコを旅行（平成26年4月）

親の思いに気づく時

（平成30年3月12日付）

前回掲載の「ない　ない　ない　ない」を読んでくださった方々から、お電話やお手紙を頂いた。「ある　ある　ある　ある」という詩を紹介したのだが、その内容や考え方が心を打ったのだろう。その詩を書いた中村久子さんのことは、ご存じないということだったので、再度、中村さんのことを取り上げてみる。

明治三十年生まれの久子さんは幼い時に、病気で両手両足を中ほどで切断しなければならなかった。手足がない久子さんは、食事をする時、口を茶碗に近づけて食べるしかなかったのを、「犬猫みたいな子」と、人に嘲笑されて発奮、右手の切断面に巻いた包帯に箸をはさみ、左手の上に茶碗をのせるという工夫をして、ついに食べられるようになった。

それを見た母は、「この子は言いつければ何でもできる子なんだ。この子が普通の人と同じように生活できるようにしてやるのが、親の愛ではなかろうか」と思った。

そして、掃除も裁縫もやれと、どんどん言いつけた。やり方を聞いても、「自分で考えなさい」「努力が足りないからできないのだ。心を込めて、できるまでやりなさい」と。

なんと厳しい親であろうかと、誰しも思うであろう。しかし、久子さんの持ち前の負けず嫌いもあっただろうが、母の厳しさにへこたれず努力した結果、掃除、洗濯、料理、裁縫、大抵のことはできるようになったのである。

二十歳の頃、自分の将来について考え抜いた久子さんは、見世物小屋に身を投じ、各地を回って芸を見せるという生活を選択したのである。人の世話にならず自分で生きていくという選択も、口と腕を使って裁縫や編物などやってのけることができたからこそである。

それも母のおかげと分かっていたが、見世物興行の世界に入る時、母と別れる寂しさの中に、「これで、おっかないお母さんと離れられる。ある意味でホッとした」と、後年、自分の娘に漏らしたことがあるという。かわいい子どもに辛いことを強いて教育する親がどんなにつらいかは、当の子どもには分からぬものだ。

久子さんの娘たちが学校へ行くようになると、人に預けて、離れて暮らさなければならなくなった。それでも、一年生の運動会を見るために娘の暮らす町に行った。

久しぶりに会えた母の前で、楽しそうに踊っている我が子の姿を見た時、まぶたに浮かんだのは亡き母のおもかげ。母は、久子さんの入学姿も運動会の姿も見ることはかなわなかった。

自分には、我が子の晴れの姿を目にする喜びが与えられたが、母は一生その喜びを味わうことはなかった。自分が与えたのは悲しみと苦労だけ、そう思った時、初めて親の思いが身に染みたという。我が子が教えてくれた親の恩だったと、久子さんは自伝の中で書いている。

私たちも大人になってからいろんな場面で、今さらながらにあの時の親の気持ちが分かったと感じる時がある。子どもの気持ちは、自分が子どもだった時のことを思い出せる人は多少分かるかもしれないが、先を歩いていった人の気持ちを分かるのはなかなか難しい。

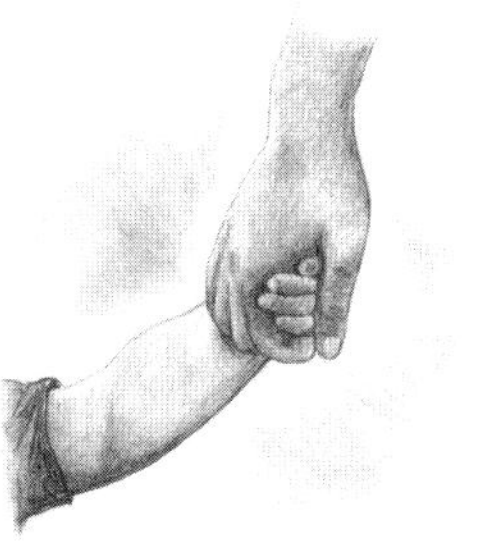

劣等感が芽生える時

（平成30年4月30日付）


　私はどうも芸術方面の才がない。音楽を聴くのは好きで、音楽会に出かけるのは楽しみのひとつであるが、字を書くことと絵を描くことはまったく駄目。小中学生の頃、何がいやだったと言って、習字の時間と図画工作の時間ほど苦痛を感じたことは他にない。字も絵も同じ理由で苦痛になってしまったのだが、そのことを書いてみよう。

　ある日の絵の授業時間。一生懸命に描いていた私の絵を見て、先生は「何と下手な絵だのう」と皆の前で言ったのである。ワーッと友だちが笑う。先生も笑う。恥ずかしさに顔を赤くして耐えていた子どもの頃の私。「下手」という刻印を押された私は、「自分は絵が下手だ」と信じ込み、もう絵は描くまいと決めた。

　我が子の子守をした時でさえ、「おとうさん、うさぎの絵をかいて」「あんぱんまんの絵をかいて」とせがまれても、描いてやらなかった。描いたとしても、「おとうさん、これうさぎじゃないよ。おうまさんだね」などと言われるのがオチだったろう。

字についても、中学校の書道の時間であった。先生は、私の書いた習字の紙を皆に見せながら、「これは悪い例だぞ。その中でも一番悪い例だ」と言ったのである。

私の書いた字のどこかが悪い例として適当だったので、それを示して皆に教えようとしたのだろう。あるいは、冗談も交じっていたのかもしれない。

私という生徒は、こういうふうにダシにされても傷つかないキャラクターだと思われたのかもしれない。あの頃の大人は子どもの気持ちなどあまり忖度《そんたく》していなかったように思う。

「なにくそ。負けるものか。頑張って書道コンクールで金賞でも取ってやるぞ」という気概がなかった私もふがいないことだったが……。その後は、下手は下手で仕方のないことだから、とにかく読めさえすればいいだろう、と思っていた。

教員としての初任校で、面白いことをしている先生に出会った。なんと、小さい定規を当てて字を書くのである。漢字やカタカナはいいとして、ひらがなさえも、書けるところはみんな定規を使う。これは面白そうだと早速まねをしてみた。

最初は難しかったが、慣れてくると、スイスイと定規を滑らせてカチッとした字が現れてくるではないか。私の手書きの読みにくい癖字よりよほどマシである。

それから何十年、ワープロ、パソコンの登場まで、生徒たちはこの独特の書体による授業やテストを受け続けたのである。無論、学校関係の書類もすべて定規文字である。意外に思われるかもしれないが、書くスピードは他の人に劣るものではなかったので、その点は何の問題もなかった。

寺の住職でもあった私は、墨を使って筆で字を書かねばならない場面も多くあったが、さすがに定規を使うことはできない。ところが不思議なことに、定規なしでも、あの書きなれた定規文字そっくりの字が書けたのである。

字も絵も、私が劣等感を抱いた根源は大人の一言にあった。これから学び始める人に対する指導は、心して行わなければと思う。

札打ち

（平成30年6月18日付）

毎年春が来ると、札打《ふだう》ちに参加するのを心待ちにしておられる方もあれば、今まで一度も出たことのない方もあるであろう。大龍寺では毎年四月初めにバスで札打ちに出かけ、五年かけて三十三カ寺を巡るのだが、車窓から、あるいは訪ねたお寺の境内で、満開の桜に会うのも楽しみの一つになっている。

それが、今年は例年より早く咲き終わり、千手院の有名なしだれ桜さえ終わってしまっていて残念だった。

三十年近く前、妻の勤務校に赴任されたケーブルさん（オーストラリア出身）を札打ちにお誘いしたことがある。亡くなった身内の人やご先祖さまの追善供養のために観音さまにお参りするのだと説明したら、「では私は、生まれなかった娘、スーザンの天国での幸せを祈ってお参りします」とのことだった。

二十九番朝日寺は、朝日山の中腹にあり、けっこうきつい山道を上るので、三十三番までの札所寺の中で、星上寺と並び、難所に数えられている。われわれ夫婦がハアハアと息を切らせてたどり着くと、中学一年の三男とケーブルさんはとっくの昔に上りきって「遅かったですね」と笑われた。

日本に来たばかりの彼にとって、札打ちは無論初めての経験で、翌日出勤するや、同僚の誰彼に、「昨日は札打ちに行きました」と報告したらしい。妻はその日、何人もの同僚から、「ケーブルさんが札打ちと言ってたけど、札打ちって何ですか」と、聞かれたとのこと。

四国八十八カ所巡りといえば、お遍路さんの姿が思い浮かぶであろうが、あれはお大師様（弘法大師）ゆかりの寺院八十八カ所を巡礼するもので、札打ちはそれと似ている。後日談であるが、ケーブルさんは数年後、日本を去る前に、四国の歩き遍路をされたのである。

私がここで言う札打ちは、出雲観音霊場であるが、中国五県にまたがる中国観音霊場や、西国観音霊場など各地にたくさんある。

観音菩薩は、三十三に身を分けてわれわれを救ってくださるので、札打ちは三十三カ所の観音さまに日頃のお礼とこれからのお慈悲をお願いして歩く行《ぎょう》である。我が親やご先祖さまの、後の世での御安心《ごあんじん》を祈って、「南無大慈大悲観世音菩薩」と書いたお札を納めることも多い。

昔は、米持参の泊まりがけ、本当に歩いて何日もかけて回ったという。今でも八十代の方が、若い時、祖父母について歩いたと話される。もともとは、お寺の柱などに木札を釘で打ちつけたので「札打ち」と言うのだそうだ。その後、紙のお札を糊で貼りつけるようになったが、今は納札入れの箱を設置してあるお寺が多い。

年を取って「足が痛くて歩けんので、もう出られません」と言われる人に、「とにかくバスに乗っておればいいからお参りしましょう。お札は人に預けて、自分は下から拝めばいいから。あとは、バスの中で待っとーなはい」と言っていた私自身が、今年は「病気で歩行困難なので、お参りはせずバスの中から拝みます」と宣言した。

ところが、何と朝日寺以外は、お参りできたのである。種を明かせば、ジャンボタクシーも同行していて、たいていのお寺のすぐ近くまで運んでくれたおかげではあったのだが……。

札打ちの様子（平成30年4月）

M君の笹百合

（平成30年8月6日付）

私が子どもの頃は、毎年毎年、その季節が来ると同じ花が咲き、蛍が舞い、長雨が続き、入道雲が湧き、木の葉が色づき、雪がちらつき、というふうに季節が巡っていた。時たま、季節に関係なく地震や大火があったり、秋には大型台風などの災害はあったが、大体のところは今よりも平穏であったように思う。

ところが、いつの頃からか、気候の様子が大きく変わり始めている。つい先日の西日本の豪雨災害は多くの人が亡くなられ、安否不明のままの人も多い。雨があがったかと思えば、今度は猛暑。「命にかかわる危険な暑さ」という警告の表現まで使われて、たくさんの人が熱中症で亡くなったり搬送されたりというニュース報道である。「47・7水害」で被災した経験があるので、テレビに映し出される惨状を目にするたび、その悲しみや復興のための苦労が実感として分かる。

こういう、大きな自然の変化だけでなく、あまり目立たない変化も確実に進んでいる。

我が家の裏山を、近所の遊び友だちと駆け巡っていると、六月頃は笹百合《ささゆり》によく出合った。薄いピンク色で、葉が細くて笹の葉によく似ているところからその名がついたのであろう。香りのよい花で、わんぱく坊主にも心を寄せる者はいた。

しかし、大人になって裏山で遊ばなくなった頃から、その季節にひょっと思いついて笹百合を求めて歩いてみても見当たらなくなったのである。別に、笹百合を根こそぎ取って行った者がいるわけでもなかろうし、開発によって環境が激変したというわけでもない。

ただ、子どもが山へ入って遊ぶということはなくなっていたし、何の手入れもされずに放置されていたとは言える。

遊び友だちであった近所のM君は、常日頃から「昔遊んだ裏山に笹百合を復活させたい」と言っていたので、私が退職し、彼も自分の仕事をきれいに片づけて時間ができた時、いよいよやってみるか、ということになった。

笹百合が咲くという山の持ち主さんの了解を得て、根から掘り取らせてもらい、移植してみた。いろんなデータを集めて、あれこれやってみたがどうもうまく付かない。地元の古老には一笑に付された。「笹百合を山から掘ってきて家の庭に植えたって、なにが付くものか」と。

しかし、辛抱強いM君は、知人が植木鉢で笹百合を育てていたのを分けてもらい、自分も植木鉢に植えてみたら、何本か付いたのである。

そして、二本ばかりを裏山の、下からよく見える所へ植えつけてくれた。皆で手をたたいて喜び愛《め》でたのは言うまでもない。

次の年も、草むらをのぞいてみると蕾《つぼみ》がついているのが見えた。「やった。M君の笹百合が今年も咲いた」

裏山に咲く笹百合

が、M君は、二年ばかり後の、もう少しでその年の笹百合が咲くという頃に、その花を待たずに病気でこの世を去った。彼が亡くなって数年は花をつけてくれた笹百合だが、その後残念ながら花が咲くことはなかった。

（※消滅したと思っていた裏山の笹百合は、種が落ちて生き延びていたのか、令和元年の初夏に花をつけた。自然の力と不思議を思う）

外へ出る道

（平成30年9月24日付）

若い頃、邑智郡の高校で教鞭《きょうべん》をとっていた時のことである。緑の美しい山々と川のある大自然に包まれた分校は生徒数が百人に満たなかったが、近くには松茸のたくさん生える山があった。

シーズンが来ると、先輩の先生方に連れられて、始業前のわずかな時間を使って松茸を採りに行き、夕刻の来るのが待ち遠しかったものだ。もちろん、個人の山へ入ることはできないが、ある一帯は国有林で誰でも入っていいことになっていた。

生徒に松茸を採りに行ったことがあるかどうか聞いてみると、ほとんどが「ノー」であった。それからよく聞いてみると、鮎捕りをしたことのない者もいた。この環境の中にいて、そういう経験がないのはどう考えてももったいないことだ。結局、早朝と放課後を使って、「松茸採り」と「鮎捕り」の実習を行うことにした。

泥まみれになって行った実習は、出席率１００％に近く、初めて見る松茸の生えている様子や、初めて見る鮎のすばしこさに、感激の声があちこちから上がった。

生徒たちの生き生きした表情からは、ふるさとの自然の素晴らしさをしっかりと感じ取ったことが見て取れた。

が、後日談である。私とクラスの生徒代表三人が、本校の校長に呼ばれたのである。この松茸採りの件で苦情が来て、校長からこんこんとお叱りを受けたのである。

松茸の採り方の指導はしたのだが、うれしさのあまりめちゃくちゃな採り方をしてしまったのが苦情の原因であった。

自分たちを指導したり叱ったりする先生は、一段高いところにいるものと思っていたのに、その先生自身が校長先生に叱られているのを見たことは、同行した生徒たちには珍しい体験だったのだろう。この後、生徒たちとの関係は非常に良くなったのである。

実はこの当時、不登校の生徒を一人抱えていた。四月から九月まで一日も登校していない。毎日、プリントや連絡事項を持って行ったり、その日の出来事を話したりしたが、表情は硬く、口も重かった。会ってくれれば上出来。会ってくれない日もあった。でも、松茸採りの予定の日も告げておいた。

当日、彼は学校には来ていなかった。あとで他の生徒から聞いたのだが、彼は誰にも分からないように山に入っていたらしい。私はこの事実を知った時、授業の合間を見つけては、それまで以上に熱心に彼の家に日参したが、二度と会うことはなかった。そうして、学年末には出席日数不足で進級不可となり、退学していった。

何度訪ねて行っても心を開かせることができず、若い教師は無力感という苦い水をのんだ。だが、たった一回ではあったが、松茸採りに彼は出て来たではないか。われわれの前に姿は見せなかったものの、「みんなと一緒に松茸採りをしたい」という気持ちが彼を動かしたのではなかろうか。

松茸採りに限らず、彼が一歩を踏み出して入って来たくなるような道を常に用意しておけばよかったと、残念でたまらない。

裏山のお地蔵さま

（平成30年11月11日付）

前に掲載した「M君の笹百合」のM君は、私よりいくつか年下の幼なじみであった。ほとんど毎日、似たような年代の子どもたちと一緒に外で遊んだ。野球、木登り、杉鉄砲など。唯一、一緒にしなかったのは、ハジキをかけてウサギを獲ったり、魚釣りなどであった。命をあまりにもあからさまに奪うことは、「寺の子だからダメ」と固く禁じられていた。

裏山に今年は笹百合が六十本咲いたとか、春蘭が五十株咲いたとか、そういう数遊びをしたこともあった。要するに、この裏山は子どもたちの遊びの本拠地であった。

大人になって、それぞれの道を歩み、さて定年となってからである。久しぶりにM君とゆっくり話す機会に恵まれた。ある晩、夜を徹して話したことのほとんどは「昔遊び回った裏山を甦《よみがえ》らせたい」ということであった。一晩にして、「やるか！」と意気投合。早速翌日から、図面による計画作りを始めた。あわせて、昔の遊び友だちを中心に有志を募り、七〜八人の賛同を得て、山道の下刈り作業に取りかかった。

一年くらいかかって、頂上までの山道を整備した。急な所には階段を作り、頂上の雑木を伐採して、宍道湖、飛行場、小学校などが見渡せるようになった。寒く晴れ渡った日、待ちに待った大山が見えた時には感極まるものがあった。その時はM君も満面の笑みを浮かべていた。

さらに、大きな切り株を支柱として板を載せて渡せば、何人も座れる長いベンチの出来上がり。親しい大工さんの手を借りて、屋根つきの東屋《あずまや》までできた。また、私の大先輩である生物の先生を講師として招き、山の木々の名前を教えてもらって名札をつけたりもした。

子どもの遊び場所だった山を甦らすという願いは、すっかり大人の憩いの場所として再生した。

ここでM君は、われわれの今の思いを後世につなげたいという願いを語った。いくつかの案を語り合った末に、「頂上にお地蔵さんを建てよう」ということで一致した。

みんなを救ってくださるお地蔵さまがおられれば、後世の人たちもお参りに上がってくれるのでは、という思いであった。

伝手《つて》をたどって迎えたお地蔵さまを、裏山再生プロジェクト参加者みんなで頂上まで運び、うちの孫たちや、近所のおばさん方も上がられて、開眼供養をした。

裏山にお地蔵さまを設置（平成20年6月）

頂上と言っても、実は十分もかからずに登り着くような裏山である。孫たちが通っていた幼稚園の子どもたちもバスに乗って、何回か遊びに来てくれた。椎《しい》の実を拾ったり、きれいな落ち葉を集めたり、跳んだりはねたりと子どもたちは夢中になって遊んだ。

M君は、病魔に侵されて早く亡

くなってしまったが、裏山再生に関しては満足して逝ったと思う。

今は、めったに上がる人もないが、この春、家内と孫たちと久しぶりに登ってみた。

道は思ったより荒れておらず、春蘭も数株に花がきていた。頂上は雑木がまた伸びて来て、見晴らしはあまりよくなかったが、お地蔵さまは変わらず静かにほほ笑んでおられた。後世の人たちがこのお地蔵さまに出会って、「どうしてこんなところに？」と不思議に思うかもしれない。

お地蔵さま

（平成30年12月30日付）

ある新聞記事で目に留まった話。東日本大震災の被災地、岩手県大槌町の仮設住宅が四十八カ所あった。そこへお地蔵さまが設置された話である。

これは、長野県の僧侶、野口さんという方が、「犠牲になった家族や友人を拝む場所がほしい」という現地の声を聞き、石材店に注文してお地蔵さまを仮設住宅地に贈呈されたのである。お地蔵さまの前には、手を合わせる人、花を供える人、それぞれに心の安らぎを求めて集まって来られたという。

そう言えば、阪神淡路大震災の時もお地蔵さまにまつわる話があった。

神戸の祥福僧堂の河野太通老師が、被災地の土を練り込んで、地蔵尊を作ろうと思い立たれたのである。

「やすらぎ地蔵尊」と名付けられた、両掌におさまるほどのかわいいお地蔵さまは、陶芸家だけでなく一般の人々も協力して作られたとのこと。話を聞いた人々が、このお地蔵さまを求めて次々とお寺を訪れる様子がテレビで放映された。河野太通老師の願いどおり、たくさんの人が、震災の犠牲となった多くの人々に思いを致し、生かされている自己を思い、被災地の復興を願って手を合わせたことだろう。

考えてみれば、お地蔵さまほど身近におられる仏さまはほかにないかもしれない。お寺の境内だけでなく、道端でも山道でも町の片隅でも、ふと気づくとお地蔵さまの姿がある。

私の寺の境内にあるお地蔵さまの一体は、合掌した立ち姿、もう一体は珍しく座像である。こちらは古いものらしく顔の目鼻立ちが分からぬほどである。

参道沿いには、一丁地蔵が十五体並んでおわす。もともとは、一畑薬師への道しるべとして一丁ごとに設置されていたと思われるが、いつの頃かここに集められたものらしい。

平成の私の代で設置したのは、六地蔵と、赤子を抱き幼児《おさなご》を足元にまとわりつかせたお地蔵さま、そして裏山のお地蔵さまである。

幼児を抱くのは、お地蔵さまが子どもを守ってくださるお姿である。室町時代に作られた「西院河原地蔵和讃」の中に、幼くして亡くなった子どもが、賽の河原で親の為に石を積んでいると、地獄の鬼が突き崩してしまうという情景が出てくる。そこへお地蔵さまが現れて、子どもを救い上げてくださるのである。親にとっては、冥土にいる我が子をお地蔵さまに託し、お願いするしかない。親心のお地蔵さま信仰である。

また、人が亡くなると、六道（地獄、餓鬼、畜生、修羅、人間、天）のいずれかへ行くのだが、それぞれの世界で迷い苦しむ衆生を救済してくださるのが六地蔵さまである。五七日《ごなのか》頃に、家族親族が亡き人の菩提を祈って地蔵札を打つ習慣もある。

大龍寺のおすがり地蔵と六地蔵

「笠地蔵」という日本の昔話も六地蔵。頭に雪をかぶったお地蔵さまを気の毒に思い、売り物の笠（結局売れなかったのだが）をかぶせてあげたおじいさん。ところが、持っていた笠は五つ、お地蔵さまは六体、最後のお地蔵さまには自分のかぶっていた手拭いをかけてあげた。夜、お地蔵さまがお礼に持ってきてくれた餅や米でお正月支度が整ったという話である。大みそかのホンワカとした昔話。

あとがき

「志乃々め」と「教えの庭から」の、あわせて六十四編の中には、理解しにくいところもあったかもしれません。そういうところは飛ばして、先へ読み進めて頂ければよいと思います。そして、小中学生でも分かるような内容であれば、読んで聞かせたり、一読を勧めてやって下さい。大人の姿勢が子どもに伝わっていくことに、拙文が少しでもお役に立てばこんな嬉しいことはありません。

最後に、協力してくれた家族に感謝したいと思います。特に、「志乃々め」は、百編近くある中から三十三編に絞り込む作業、それをパソコンに入力してデータを作成する作業を担ってくれた妻・昭子、そしてできた原稿をすべて読み込み、細かいところまで厳しくチェックを入れてくれた三人の息子たちの協力があってこその完成でした。

パーキンソン病と黄斑変性症のために、パソコンも使えなくなり、目も不自由な私の念願が叶って、この本を手にすることができたのは、それこそ本書の主題の一つでもある「自分一人だけの力ではできないこと」であったと、改めて感じています。

令和二年十月十九日　四十年前のこの日遷化した父・清蔭和尚を偲びつつ。

岩浅　宏志

岩浅　宏志（いわあさ　こうし）

昭和21年生まれ。

昭和44年静岡大学理学部を卒業し、島根県立高校教諭へ。

教職の傍ら安居会（あんごえ）修行を経て昭和55年大龍寺住職に。58年臨済宗妙心寺派布教師。

平成19年、出雲高校校長を最後に教職を定年退職。平成23年大龍寺住職を退く。

著書に歌集『野佛』『続・野佛』。出雲市園町。

幸福への道 **～親から子へ 子から孫へ～**

令和2年11月1日　初版発行

著　　者　岩浅 宏志

発 行 所　山陰中央新報社
〒690－8668　松江市殿町383
電話 0852－32－3420（出版部）

印刷・製本　㈱報光社

ISBN 978-4-87903-240-9 C0095 ¥1200E